暨南大学 2024 年度实验教学改革研究专项："数智赋能商贸汉语：跨课程综合性实验教学模式改革与创新"

2024 年度广东省教育科学规划课题（高等教育专项）："数智时代国际中文教育专业的创新发展与复合型人才培养策略研究"

汉语言专业规划系列教材

实用
商务汉语教程

（下册）

金颖　李宁　刘薇　王昱◎编著

暨南大学出版社
JINAN UNIVERSITY PRESS

中国·广州

图书在版编目（CIP）数据

实用商务汉语教程．下册/金颖等编著．—广州：暨南大学出版社，2024.7
汉语言专业规划系列教材
ISBN 978 - 7 - 5668 - 3907 - 7

Ⅰ.①实…　Ⅱ.①金…　Ⅲ.①商务—汉语—对外汉语教学—教材　Ⅳ.①H195.4

中国国家版本馆 CIP 数据核字（2024）第 079838 号

实用商务汉语教程（下册）
SHIYONG SHANGWU HANYU JIAOCHENG（XIA CE）
编著者：金 颖 李 宁 刘 薇 王 昱

- -

出 版 人：阳　翼
责任编辑：康　蕊
责任校对：刘舜怡　王燕丽
责任印制：周一丹　郑玉婷

出版发行：暨南大学出版社（511434）
电　　话：总编室（8620）31105261
　　　　　营销部（8620）37331682　37331689
传　　真：（8620）31105289（办公室）　37331684（营销部）
网　　址：http://www.jnupress.com
排　　版：广州市新晨文化发展有限公司
印　　刷：广州方迪数字印刷有限公司
开　　本：787mm×1092mm　1/16
印　　张：10.5
字　　数：220 千
版　　次：2024 年 7 月第 1 版
印　　次：2024 年 7 月第 1 次
定　　价：49.80 元

编写说明

　　《实用商务汉语教程》分为上、下两册，是专为来华留学生汉语言专业商贸汉语方向本科三年级学生开设综合课程而编写的教材。本教材主要参照《高等学校外国留学生汉语言专业教学大纲》（2002）和《新汉语水平考试大纲 HSK（1—6 级）》（2009—2010），同时参考《经贸汉语本科教学词汇大纲》（2012）、《商务汉语考试大纲》（2006）等研究成果。

一、编写理念

　　商务汉语教学是汉语作为第二语言教学的一个重要分支，其目的是使学生在提高商务汉语运用能力的同时，熟悉基础的商务理论知识，并掌握一定的商务实践技能。因此，本教材基于"商务主题教学＋商务实践活动"这一编写思想，以任务教学法为指导，同时结合内容型教学法和案例教学法，把"用中学""做中学""体验中学"的理念融入教材的编写中。同时，编写者尝试在教材编写中加入实践教学计划，设置与理论课相关的实践教学活动，强化了语言教学与商务实践活动相辅相成的重要性。教材旨在引导留学生关注中国经济发展，提高商务实践能力，以培养高质量、复合型、应用型人才为目标，着力提高来华留学生的商务汉语应用能力、跨文化交际能力、创业创新能力。

二、教材特色

　　1. 建立了"商务主题教学＋商务实践活动"的教学内容体系

　　以商务主题为核心编写教学内容，主题涉及领域广泛，每一商务主题配套相关的商务实践活动指导。学生可以系统而集中地在商务情境中学习大量的行业用语和相关商务技能以及商务文化，在学完一个主题以后，进行与主题相关的商务实践活动。这样既强化了学习内容，又能把所学理论运用于实践中，使课堂抽象的理论学习延伸到课外具体的实践活动中。例如学完"市场调查"的商务主题之后，学生需要按照"市场调查"的主要活动流程完整地进行模拟体验。

　　2. 突出了商务汉语教材与通用汉语教材的实践性区别特征

　　实践性是商务汉语与通用汉语之间的重要区别性特征，把实践教学纳入常规教学轨道，在实践中学习提高，弥补了商务汉语教材实践教学环节的缺失，为留学生创造了深入接触中国社会、了解中国经济情况、培养对中国感情的机会。

3. 贯彻了任务型教学理念，同时融合了案例教学和内容教学

整套教材共涉及二十四个商务主题，每一个商务主题都以案例的形式呈现，通过对这些案例内容的分析，学生明确每一个商务主题可能包含的具体商务活动及任务。例如，"招聘面试"的商务主题实际包含了招聘方的公司简介与招聘启事的发布，应聘方的简历撰写以及双方都参与的面试过程。因此，学生学习"招聘面试"商务主题的过程，就是了解并体验未来在中国职场中可能遇到的具体任务的过程。换言之，该套教材是学生了解并体验中国职场，感知中国经商环境的一个窗口。学习内容以各项具体任务的形式分布在教材中，学习目标以完成任务为手段，大大缩短了课堂教学场景与工作场景的差距，有助于全面提高学生分析问题和解决问题的能力。

4. 改变了学生的学习方式和学习环境

教材基于"商务主题教学 + 商务实践活动"的内容，通过任务教学法、案例分析与内容讨论、角色扮演、小组活动等，让学生在"工作岗位"上学习并体验未来的工作场景与工作任务，有利于激发学生的学习兴趣，明确专业学习目标。例如针对"商品分类"的商务主题学习，学生通过对教材中案例的分析与讨论，了解商品分类的相关知识，然后分组进行商务实践活动，选择教学所在地一家大型超市，调查该超市的商品分类情况，绘制商品分类结构图，分析该超市商品分类的优点与缺点，提出改进意见，然后在课堂上进行汇报。类似这样的商务实践活动，改变了学生的学习方式与学习环境，通过模拟真实的工作场景，强化了学生小组合作的意识。

5. 教材从语言（Language）、商务（Business）、文化（Culture）、实践（Practice）四个角度出发设计教学内容

这四个角度充分体现了商务汉语专业中语言学习与文化感知的基础性与重要性，又体现了商务汉语作为专门用途汉语的特殊性。课堂上学生以商务语言学习作为载体，学习基础的商务理论知识，如企业正常运营的内部结构、招聘与应聘所需的材料、FAB 产品介绍法、商品的分类标准、促销的基本方法、支付方式等。课后或课外则以商务实践活动为主要形式，结合课堂所学理论，学习商务技能，如模拟组建公司、模拟招聘、实地调查超市商品分类、模拟讨价还价、设计节日促销方案、撰写调查问卷等。无论是课堂上的语言学习、商务理论学习，还是课后的商务实践活动，都伴随商务文化知识的学习。

三、编写体例

1. 商务主题的选择

本套教材分为上、下两册，一共24个商务主题。其中上册以"产品"为主线，从企业简介、企业文化和招聘面试开始，涵盖了针对产品的一系列具体企业行为，如市场调查、产品开发、产品介绍、产品包装、商品分类、商品促销、讨价还价、零售支付、售后服务等。下册以大型企业活动为主线，从寻找商机开始，选取了常见的企业大型活动，如企业并购、经营模式的选择、商务谈判的技巧、商务合同的签订、国际贸易支付方式、企业融资、企业参加展会、企业管理和商务信函等。

2. 学习内容的设计

24个商务主题分布在上、下两册各12课的教学中。针对每一课的主题，编写者设计了与该主题相关的五个主要学习模块：商务故事、核心课文、补充阅读、商务知识、商务实践。

（1）商务故事。该部分选取了一些短小精悍的趣味性商务案例作为引子，以激发学生的学习兴趣，同时又为核心课文以及商务知识的学习打下一定基础。

（2）核心课文。该部分是教材的主体部分，也是每一课的主要学习内容。精选商务经典案例，同时兼顾商务汉语内容和商务理论知识。

（3）补充阅读。该部分选取了稍有难度的不同行业的商务案例，作为对核心课文的补充。既可以提高学生的阅读量，也可以开阔学生的视野。

（4）商务知识。该部分选取了与本课商务主题相关的商务理论知识，属于商贸汉语专业学习中的理论部分，体现了商务汉语学习内容上区别于通用汉语的理论性与专业性。

（5）商务实践。该部分根据课程教学内容设计了商务实践活动，以加强学生的实操能力。

3. 课后练习的安排

商务故事的练习采取简短问题的形式，以口头回答为主。

核心课文的练习采用综合练习模式，涵盖了词语、句式、篇章理解、成段表达以及商务实践。其中，阅读理解的题型根据课文内容采取了选择、填空等题型模式，商务实践也可参考《商务汉语实践活动教程》的对应部分。商务实践是本套教材的特色与亮点。

补充阅读的练习形式主要是问答题，可口头回答，也可书面回答。

商务知识模块主要是商务理论知识的学习与理解，对学生只作理解要求，不作练习要求。

四、教学建议

每课建议用 12 个课时讲授，其中商务故事 1 个课时，核心课文 6 个课时，综合练习 1 个课时，补充阅读 2 个课时，商务知识 2 个课时。教师可根据教学情况适当增减课时。

编著者

2022 年 5 月 1 日

目 录
CONTENTS

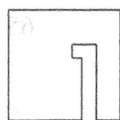

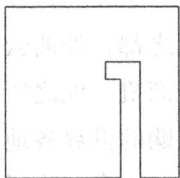

第一课　寻找商机

课前讨论

1. 你有过创业的想法吗？你的创业梦想是什么？
2. 你为什么有这个创业梦想？
3. "梦想还是要有的，万一实现了呢"这句话告诉我们什么道理？

学习目标

1. 了解"三百六十行，行行出状元"的含义。
2. 学习寻找商机的方法。
3. 了解中国目前的贸易环境及主要的国际商贸城市。

商务故事

新义乌人穆罕奈德：我已分享到"一带一路"红利

在阿拉伯商人**云集**的义乌市，一位名叫穆罕奈德的约旦商人开了一家地道的阿拉伯餐馆。他把<u>原汁原味</u>的阿拉伯饮食文化带到了义乌，也在义乌的繁荣兴旺中收获了事业成功，同中国姑娘<u>喜结连理</u>，最终把根扎在了中国。

——摘自习近平在中阿合作论坛第六届部长级会议开幕式上的讲话（2014 年 6 月 5 日）

穆罕奈德是 1978 年出生的约旦人。2000 年，他在叔叔开的阿拉伯饭店打工。2002 年他到义乌开了一家阿拉伯饭店，取名为"花"，象征着"幸福之花、和平之花"。2018 年初，穆罕奈德的新饭店"贝迪"（BEYTI）开业，新饭店有三层，将近

— 1 —

1 000 平方米，能同时容纳三百多人就餐。"贝迪"的中文译名是"我家"，穆罕奈德希望客人来"我家"，享受很好的招待。

穆罕奈德为何"花"开义乌，"家"安义乌？义乌是世界小商品之都，外商云集，但服务这些商人的特色饭店很少，当年穆罕奈德正是看中了这个商机。他之所以现在又开了新店，是因为"**一带一路**"带来的**红利**。每年到义乌采购的世界各地的商人近 50 万人次，有 100 多个国家和地区的 1.3 万多名境外客商常驻义乌。为了满足顾客的国际化口味，穆罕奈德花高价从国外请了 10 位主厨，推出了许多新菜。在贝迪饭店，能看到不同肤色的各国商人，这里是他们的聚集地，也许在谈笑间就能达成一笔生意。

除了饭店，穆罕奈德还经营着一家外贸公司，把中国制造的"水烟"等商品销到阿拉伯国家以及中亚、欧洲等地。穆罕奈德说："以前和我做生意的主要是约旦、伊拉克、科威特等阿拉伯国家的客户，自从中国提出'一带一路'之后，特别是义乌开通义（乌）新（疆）欧（洲）中欧**班列**以来，德国、法国和中亚的客户明显增多了。作为一名在中国的外籍商人，这几年我已经分享到'一带一路'的红利。饭店面积扩大了，2017 年外贸生意额比三年前增加了 60%。"他对"一带一路"有着深刻的理解："好比一根筷子容易折断，一把筷子难折断，合作才能更好地发展。"

从打工仔到饭店老板，穆罕奈德在中国的生活**犹如**爬坡，一点点努力向上。刚到广州时，他一个月工资不过 300 美元；如今，他在义乌有了自己的事业。穆罕奈德早已将义乌当作自己的第二故乡，把自己的创业梦想**融入**中国梦和阿拉伯梦的完美结合中。

（根据新华网、澎湃新闻等相关新闻报道综合改写）

生词

1. **云集**：许多人从四面八方来，聚集在一起。
外商云集　云集北京
广交会期间，大量外商云集广州。

2. **原汁原味**：事物本来的、没有受到外来影响的特点。
原汁原味的中国菜　保持原汁原味
穆罕奈德将原汁原味的阿拉伯菜带到了义乌。

3. **喜结连理**：原指不同根的草木、枝干生长在一起，比喻结婚。
喜结连理之日　喜结连理的新人
经过多年的爱情长跑，他们二人终于在今日喜结连理。

4. **一带一路**："丝绸之路经济带"和"21世纪海上丝绸之路"的简称。2013年9月和10月，中国国家主席习近平在出访中亚和东南亚国家期间，先后提出共建"丝绸之路经济带"和"21世纪海上丝绸之路"的重大倡议。

5. **红利**：指某个行业或因素对经济发展的促进作用或创造的有利条件。这里是指"一带一路"倡议给贸易活动创造了有利条件。

人口红利　互联网红利

凭借人口红利，中国的制造业在改革开放后实现了迅速发展。

6. **班列**：按照固定车次和运行路线，有明确的运行周期和时间的货物列车。

"义新欧"中欧班列首趟于2014年11月18日从中国义乌出发，经新疆阿拉山口口岸出境，途经哈萨克斯坦、俄罗斯、白俄罗斯、波兰、德国、法国，历时21天，最终抵达西班牙首都马德里。铁路全长13 052千米。

7. **犹如**：如同，好像。

商场犹如战场　美景犹如一幅画

广州突降暴雨，一时之间白天犹如黑夜。

8. **融入**：融合，混入。

融入团队　融入社会

希望新同学能尽快融入我们班这个温暖的大家庭。

> **思考**
> 1. 从"花"餐厅到"贝迪"，穆罕奈德找到了哪些商机？
> 2. 怎么理解"一带一路"的红利？举例说明还有哪些红利？

核心课文

小吸管，大世界

以小博大：吸管虽然很小，却需要用博大的胸怀去把小小吸管做到完美。不去盲目**攀比**，不去**好高骛远**，持续专注把"双童"做成百年企业。

——义乌市双童日用品有限公司创始人楼仲平

一根吸管能赚多少钱？0.000 8元！这是典型的微利产品，但有人在这样微薄的利润空间里年赚 2 亿元，成为全球吸管行业的龙头老大！他就是浙江省义乌市双童日用品有限公司（简称"双童公司"）创始人楼仲平。

1995 年楼仲平注册"双童"商标，1998 年**率先**做出口，2005 年占据中国市场 55％、全球 20％ 的份额；2008 年，全世界超过 1/4 的吸管产自双童公司，日产吸管 1 亿根；2018 年，公司年产吸管 7 000 多吨，产值约 2 亿元。如今，双童公司拥有 200 项**专利**，掌握了全球吸管行业近 2/3 的专利，并且主导制定全球吸管行业的标准。一根吸管，简单得不能再简单，毫无技术含量可言。它非大众消费品，售价低，品牌**附加值**也偏低。人们在使用吸管的过程中基本没有要求，商家不知道顾客需要什么，不知道怎么制作广告才有效果。吸管称得上是世界上最难做的产品！但是三百六十行，行行出状元，楼仲平的小吸管里却藏着一个大世界。

1979 年楼仲平 14 岁，他挑着货郎担开始**走街串巷**。随着货郎担这个古老职业逐渐消失，他开始尝试各种工作。他卖过牙刷，摆过地摊，做过铁匠，搞过**养殖**……干过 20 多个行业。1994 年，楼仲平用 5 万元买了一套二手吸管机器，正式办起了吸管工厂。因为他发现义乌商品市场中卖吸管的人很少，认为这是个机会。果然，楼仲平的吸管在义乌根本不愁**销路**。

然而，仅仅一年，义乌当地的吸管工厂数量就翻了 10 倍。面对竞争，楼仲平开始**打造**自己的品牌。他先是以义乌吸管包装上常见的一男一女两个儿童图案注册商标，给公司取名"双童"。后来，当国内同行竞争激烈的时候，他拿到了国外沃尔玛等巨头的外贸订单。很长一段时间，双童公司依靠外贸订单过上了舒服的日子。

谁知**好景不长**，美国零售巨头的订单越来越大，留给双童公司的利润却越来越低。客大欺店，双童公司毫无还价之力。于是，楼仲平开始转换思路。2003 年，他退出了利润微薄的美国市场，确立了小客户原则，以 10 个小客户替代以前的 1 个大客户，即最大的客户订单也不允许超过双童公司年产量的 3％，否则不接这个单。这样双童公司掌握了更多的话语权，维持了自己的利润。

同时，对于外贸市场楼仲平也没有完全放弃，而是转向了利润更高的日本市场。但是第一批订单到日本，就付出了**沉重**的代价。6 个集装箱运到日本，被客户投诉产品里有头发，要求对产品进行全检。面对比货物还贵的全检费用，楼仲平将货物在日本全面**销毁**，支付了 17 000 美元的销毁费，同时将还未运出的 2 个集装箱货物当着所有员工的面销毁。海尔冰箱的质量是张瑞敏砸出来的，双童吸管的质量是楼仲平烧出来的。

注重创新，这是楼仲平能将一根小吸管做到世界第一的关键。吸管行业同质化竞争严重，生产的大多是**低端**产品，要在市场上站稳脚跟，必须差异化经营。楼仲平说："把小吸管做大的**诀窍**就是不断创新，创新的思路就是在普通吸管的基础上增加情趣化、功能化和娱乐化的设计，从而给不起眼的小小吸管赋予新的生命。"

双童公司有个吸管博物馆，里面陈列了 700 多种吸管，其中三分之一的产品是双童公司生产的，100 多种吸管是创新产品。吸管有可食用的，可发声音的，可随温度变色的，还有溶解仓方便小孩子吃药的、眼镜形状的以及爱心吸管，这些创新产品改变了人们对吸管的认知。爱心吸管解决了两人同时饮用的问题，还能防止液体回流，每根售价近 20 元；眼镜形状的吸管，童趣搞怪，让小孩子爱上喝水，每根售价 13.9 元……对微利的吸管行业来说，这简直就是天价，使利润从几厘提升到几元，甚至十几元。创新提升了利润，也回避了竞争。

生活中不起眼的地方往往**蕴藏**着商机，双童公司 26 年专注做"一根吸管"，做到了行业的领导者。但是，由于吸管产业的"白色污染"，吸管产业的基础材料发生了变化，双童公司曾经拥有的知识产权与行业地位都将受到挑战。2020 年 1 月，双童公司决定突破"一根吸管"，开始进入可**降解**材料的保鲜袋、包装袋和垃圾袋等产品的生产与销售领域，以实际行动支持环保事业，消灭白色污染！

（根据网易新闻、百度百科"楼仲平"条目、双童公司官网等相关报道综合改写）

生词

1. **攀（pān）比**：不顾自己的具体情况和条件，盲目与高标准相比。

盲目攀比　攀比的心理

作为一个学生，不能盲目跟别人攀比。

2. **好高骛（wù）远**：成语，指脱离实际，追求不可能实现的过高、过远的目标。

不要好高骛远，要脚踏实地。

3. **率（shuài）先**：首先。

率先到达　率先推出

长跑比赛中，迈克率先到达终点。

4. **专利**：发明新事物的人在法律规定的范围内独占使用、收益、处理其发明创造，并排除他人使用的权利。

申请专利　转让专利

我公司拥有此款产品的设计专利，任何机构和个人不得随意模仿、使用。

5. **附加值**：通过有效的营销手段（如包装、品牌影响力等）附加在产品原有价值上的新价值。

提高附加值　产品附加值

依靠品牌的知名度，可以提高产品的附加值。

6. **走街串巷（xiàng）**：成语，走遍城市或乡村的每条街道或每个角落。
小贩们走街串巷，叫卖自己的产品。

7. **养殖（zhí）**：养一定数量的动植物。
养殖业　牛羊养殖
他从事养殖业很多年了。

8. **销路**：商品销售的情况或方向。
打开销路　销路很广
通过与当地经销商合作，该公司成功打开了产品销路。

9. **打造**：制造、创造。多指抽象的精神、文化、品牌等。
打造一流品牌　打造企业形象
经过多年努力，该公司终于把自己的品牌打造成国内一流品牌。

10. **好景不长**：成语，美好的光景不能永远存在。
可惜好景不长　恐怕好景不长
公司刚成立那几年发展得很顺利，然而好景不长，疫情暴发了，产品销量一夜之间暴跌。

11. **沉重**：严重。表示程度深。
沉重的代价　沉重的负担
孩子的学费、一家人的生活费，给他带来了沉重的负担。

12. **销毁（huǐ）**：烧掉、毁掉。
销毁证据　销毁过期食品
警察集中销毁了一批毒品。

13. **低端**：事物等级排序的最低端点，与"高端"相反。
低端产品　低端配置
一直专注于低端手机市场的 A 公司，今年决定进军高端市场。

14. **诀窍（qiào）**：关键性的好方法。
有诀窍　赚钱的诀窍
能说说你学习汉语的诀窍吗？

15. **蕴藏（yùncáng）**：藏在里面没有被发现。
蕴藏资源　蕴藏机遇
中国国内市场广阔，处处蕴藏着商机。

16. **降（jiàng）解**：一些材料（如塑料等）经使用后，在日常环境条件下能自己分解成对环境无害的物质。
很多超市都开始注重环保，向消费者提供由可降解材料制成的购物袋。

重要句型

1. **之所以**现在又开了新店，**是因为**"一带一路"带来的红利。

之所以……是因为……：表示因果关系，先强调结果，再说明原因。

（1）楼仲平今天之所以成功，是因为他26年专注于一种产品。

（2）他之所以这么难过，是因为他创业失败了好几次。

2. 一根吸管，简单**得不能再**简单，毫无技术含量可言。

A得不能再A：口语里常用，A是形容词，表示程度深，相当于A的最高级，用来强调说者强烈的感情。

（1）第一次裸考就通过HSK六级，他开心得不能再开心！

（2）二十几个孩子在教室里叽叽喳喳，吵得不能再吵了！

3. 吸管**称得**上是世界上最难做的产品！

A称得上（是）B：算得上，可以说B是对A的另外一种解释或说明，用来表示感叹或者赞叹，带有强烈的感情色彩。

（1）他每次考试都是第一名，称得上是我们班的学霸！

（2）他很有经济头脑，称得上是商业天才。

4. **对**微利的吸管行业**来说**，这**简直**就是天价。

对……来说，……简直……："对"引进事物或对象，后面是对该事物肯定或否定的判断句，也可以不表示判断，只是表示看法或观点。"简直"表示完全如此，语气比较夸张，表强调。

（1）对一个从未见过汉字的留学生来说，汉字简直就是天书。

（2）对旅游业和餐饮业来说，疫情防控期简直就是最漫长的寒冬。

综合练习

一、根据课文内容，选择正确答案。

1. "三百六十行，行行出状元"在这篇文章中的意思是（　　　　）

A. 楼仲平的小吸管行业在三百六十行中是最优秀的行业。

B. 一共有三百六十种行业，楼仲平的小吸管行业是其中的一种。

C. 楼仲平对小吸管行业热爱、坚持，做到了行业领先。

D. 三百六十行，就有三百六十个状元。

2. 1994 年楼仲平办吸管工厂，是因为（　　　　）

A. 刚好有人卖二手吸管机器。

B. 他干过二十多个行业，正好想转型。

C. 他已经提前找到了吸管的销路。

D. 义乌商品市场中生产吸管商家不多，竞争小。

3. 关于双童公司与国外巨头的合作，以下正确的是（　　　　）

A. 双童公司一直依靠国外的订单。

B. 双童公司退出国外市场，是因为订单量越来越大。

C. 双童公司在价格上没有话语权。

D. 双童公司与国外巨头的合作比较愉快。

4. 小客户原则，以下说法不对的是（　　　　）

A. 在价格上更有自主权。

B. 利润比大客户高。

C. 放弃订单量超过双童公司年产量 3% 的客户。

D. 大客户的订单量大而无法完成，所以转换思路。

二、根据意思写出课文中对应的词语。

1. 通过有效的营销手段（如包装、品牌影响力等）附加在产品原有价值上的新价值。　　　　　　　　　　　　　　　　　　　　　　　（　　　　　　　）

2. 关键性的好方法。　　　　　　　　　　　　　　　　（　　　　　　　）

3. 走遍城市或乡村的每条街道或每个角落。　　　　　　（　　　　　　　）

4. 事物本来的、没有受到外来影响的特点。　　　　　　（　　　　　　　）

5. 美好的光景不能永远存在。　　　　　　　　　　　　（　　　　　　　）

6. 不顾自己的具体情况和条件，盲目与高标准相比。　　（　　　　　　　）

7. 藏在里面没有被发现。　　　　　　　　　　　　　　（　　　　　　　）

8. 脱离实际，追求不可能实现的过高、过远的目标。　　（　　　　　　　）

9. 制造、创造。多指抽象的精神、文化、品牌等。　　　（　　　　　　　）

10. 如同，好像。　　　　　　　　　　　　　　　　　　（　　　　　　　）

三、选词填空。

销路 打造 沉重 诀窍 低端 蕴藏 融入 原汁原味 攀比 率先

1. 人比人，气死人，要保持良好的心态，不要_____，知足常乐。

2. 新型冠状病毒的暴发，给旅游业带来了冲击，但是在线教育和云办公等行业却_____着巨大的商机。

3. 要成为赢家的_____就在于明白自己何时是输家。

4. 面对新的工作环境和新的同事，我们要让自己尽快_____公司，进入工作状态。

5. "宅经济"正在成为年轻消费群体的新特征，"宅经济"足以_____一条与日常生活息息相关的产业链，从而链接起网络商务、大众娱乐、物流、通信、餐饮及药品等各种行业。

6. 到中国留学，可以体验到_____的中国生活。

7. 在抗击新型冠状病毒感染疫情的特殊时期，这家外卖公司在全国范围_____推出"无接触配送"服务。

8. 2013 年 8 月 14 日，百度以 19 亿美元收购网龙控股子公司 91 无线以失败而告终，付出了_____的代价。

9. 面对来自中国电动汽车企业的竞争压力，特斯拉可能推出廉价车型，进军_____市场。

10. 网络的普及与电商平台的出现，为农产品打开了一条新的_____。

四、造句。

1. 之所以……，是因为……

_____

_____

2. A 得不能再 A

_____

_____

3. A 称得上（是）B

_____

_____

4. 对……来说，……简直……

_____

_____

五、根据课文内容填空。

一根吸管，简单得不能再_____，毫无技术含量_____。它非_____
____，售价低，品牌_____也偏低。人们在使用吸管的过程中基本没有要求，
商家不知道顾客需要什么，不知道怎么制作广告才有效果。吸管_____是世界
上最难做的产品！但是三百六十行，_____，楼仲平的小吸管里却_____
着一个大世界。

美国零售巨头的订单越来越大，留给双童公司的_____却越来越低。客大
欺店，双童公司_____还价之力。于是，楼仲平开始转换思路。2003年，他退
出了利润_____的美国市场，确立了_____，以10个小客户替代以前的1
个大客户，即最大的客户订单也不允许_____双童公司年产量的3%，否则不
接这个单。这样双童公司掌握了更多的_____，维持了自己的_____。

注重创新，这是楼仲平能将一根小吸管做到世界第一的_____。吸管行业
_____竞争严重，生产的大多是_____产品，要在市场上站稳脚跟，必须
_____经营。楼仲平说："把小吸管做大的_____就是不断创新，创新的
思路就是在普通吸管的基础上增加_____化、_____化和_____化的
设计，从而给不起眼的小小吸管赋予新的_____。"

生活中不起眼的地方往往_____着商机，双童公司26年_____做
"一根吸管"，做到了行业的领导者。但是，由于吸管产业的"白色污染"，吸管产
业的基础材料发生了变化，双童公司曾经拥有的知识产权与行业地位都将受到____
____。2020年1月，双童公司决定_____"一根吸管"，开始进入可____
____材料的保鲜袋、包装袋和垃圾袋等产品的生产与销售领域，以实际行动支持环
保事业，消灭白色污染！

六、成段表达练习。

通过学习穆罕奈德和楼仲平的创业故事，你的感受是什么？与同学们交流你的
想法。

📖 补充阅读

熙熙攘攘义乌行

义乌市，浙江省的一座小城，距离上海260公里，是一个被誉为"世界工厂"
的全球性超级市场。听朋友说，义乌是座少见的、创造商业奇迹的山城。二三十年

间，山城将自己打造成联合国认可的"全球最大小商品集散中心"。今天的义乌影响着全球小商品市场的价格。

有资料表明，每天到义乌的各地商人络绎不绝，最多时达20万人，1 000多个集装箱远远近近向全世界200多个国家和地区运送。义乌既不靠海也不靠河，毫无地理优势，更无天然资源，就连土壤也是酸性重，难以发展农业。这样几近穷山恶水的一座小山城，却发展成国际经贸城，难免牵动旁人的好奇心。

进入市区，刹那间难以将眼前的义乌与听说的国际经贸城联想在一起。不同于中国一般新兴城市，义乌市内不见太多高楼大厦。但仔细一看，街上各种品牌的豪华房车来来往往，奢华的流动车影，悄悄地为其貌不扬的城镇增添了一分耐人寻味。

今日的义乌其实是从路边摊马路市场发展起来的。为何发展如此神速？那是因为义乌人勤奋。过去义乌农民为了生存，就曾不远千里，手摇拨浪鼓，挑着货郎担，远至广东、湖南等地叫卖当地红糖，换取鸡毛以沤肥改良义乌农地。义乌人不介意做别人不屑一顾的小生意，包括微不足道的如牙签之类的小商品，在薄利多销下，利润积少成多。

来到号称义乌标志性建筑的商贸城，远比我想象的庞大。一家接着一家的小商品摊位，看似不起眼，店主却可能就是百万富翁。整个商贸城商品琳琅满目，种类及分类细密繁多，真够让人眼花缭乱，从饰品、玩具到领带、袜子、毛巾等各种各样的服装配件、室内用品，真要仔细逛的话，不知几天几夜才可逛完。当地流传的一套"数学公式"，只要在每个摊位前停留3分钟，每天逛8个钟头，需要一年时间才能逛完整个市场。

丰富多样、物美价廉的商品是进口商在义乌经商获得50% ~300%利润的主要原因之一。弗朗西斯·加门内阿和卡丽娜·卡斯特略是两名来自秘鲁的年轻商人，目前计划在利马开一家装饰品店。卡丽娜是室内设计师，她希望能够给她的客户提供更加经济实惠的选择。她说道："在义乌一盏售价为100美元的灯在利马的百货公司里能够卖到1 000美元。同样地，一盏原产于意大利的灯在当地售价为5 000美元，在中国售价相对便宜。这类商品利润空间很大。"

小商品、小吃摊贩云集的三挺路夜市，是义乌晚上最热闹的地方。来往的人来自五湖四海，除了黄皮肤，还有黑皮肤、白皮肤。商铺广告牌甚至有英文、俄罗斯文、阿拉伯文、韩文和日文；各种各样的异域美味如中东风味菜、韩国菜、日本料理比比皆是。司马迁说："天下熙熙，皆为利来，天下攘攘，皆为利往。"这话用来形容义乌非常贴切！义乌确实是则传奇。

（节选自新加坡《联合早报》2012年7月12日同名文章，作者：张曦娜，有删改）

请回答下列问题。

1. 义乌在哪里？社会对它的评价如何？
_____
_____

2. 为什么说义乌是一个穷山恶水的地方？
_____
_____

3. 义乌是怎么发展起来的？
_____
_____

商务知识

寻找商机的方法

商机无论大小，从经济意义上讲一定是能由此产生利润的机会。旧的商机消失后，又会出现新的商机。没有商机，就不会有"交易"活动。

如何寻找商机，以下介绍 14 种方法。

1. **短缺商机物以稀为贵**

短缺是经济牟利第一动因。空气不短缺，可在高原或在密封空间里，空气也会是商机。一切有用而短缺的东西都可以是商机，如高技术、真情、真品、知识等。

2. **时间商机**

远水解不了近渴。在需求表现为时间短缺时，时间就是商机。飞机比火车快，激素虽不治病却能延缓生命，它们都有商机。

3. **价格与成本商机**

水往低处流，"货"往高价上卖。在需求的满足上，能用更低成本满足时，低价替代物的出现也是商机，如软件产品。

4. **方便性商机**

江山易改，懒性难移。花钱买个方便，所以超市与小店并存。手机比电话贵，可实时性好，手机就是好商机。

5. **通用需求商机**

周而复始，永续不完。人们有吃、穿、住、行的生存需要，有人的地方，就有商机。

6. 价值发现性商机

天生某物必有用。一旦司空见惯的东西出现了新用途定是身价大增，如醋。

7. 中间性商机

螳螂捕蝉，黄雀在后。人们总是急功近利，盯住最终端，不择手段。比如挖金矿时，不会计较口干时买水的价格，结果黄金没挖着，肥了"卖"水的人。

8. 基础性商机

引起所有商机的商机。对长期的投资者来说，这是重要的。如社会制度、基础建设、商业规则等。

9. 战略商机

未来一段时间必然出现的重大商机。时间倒流，20 年前，中国人面临着这种商机，今天出现了"下岗"和"致富"的天壤致富之别，就是后者主动"下岗"，利用了这个商机。

10. 关联性商机

一荣俱荣，一损俱损，由需求的互补性、继承性、选择性决定。可以看到地区间、行业间、商品间的关联商机情况。

11. 系统性商机

发源于某一独立价值链上的纵向商机。如电信繁荣、IT 需求旺盛、IT 厂商赢利、众多配套商增加、增值服务商出现、电信消费大众化等。

12. 文化与习惯性商机

由生活方式决定的一些商机。如各种节日用品、生活与"朝拜"的道具。

13. 回归性商机

人们的追求，在远离过去追随时尚一段时期之后，过去的东西又成为"短缺"物，回归心理必然出现。

14. 灾难性商机

由重大的突发危机事件引起的商机。

商务实践

城市投资环境评分

查阅相关资料，了解以下城市，对这些城市进行评分，排列你心目中的理想投资城市，并说明自己的评分理由。

中国主要城市投资环境评分表（每一栏 10 分，共 40 分）

	政治法律环境（政治、对外政策、法规）	自然环境（地理位置、自然条件、自然资源）	社会文化环境（市民的文化教育、宗教、风俗）	经济环境（市场行情、基础设施、经济政策）	得分
北京					
上海					
广州					
义乌					

2 第二课　企业并购

课前讨论

1. 你一般使用什么即时通信软件（Instant Messaging，简称 IM）？在中国和自己国家使用的一样吗？为什么？

2. 微信是否会被收购？如果会，你认为价值多少美元比较合适？为什么？如果不会，为什么？

3. 你听说过哪些企业并购的例子吗？请简单说说。

学习目标

1. 学习并区分几个概念：并购、兼并、收购。
2. 广泛阅读企业并购的文献资料，学习企业并购经典案例。
3. 了解企业并购的原因及好处。

商务故事

从"相杀"到"相爱"

经过几年的"烧钱大战"，2016 年 8 月 1 日滴滴出行（简称"滴滴"）牵手优步中国（简称"优步"），"相爱"不"相杀"，终于走到了一起。滴滴因此成为唯一一家 BAT 共同投资的企业。

促成二者合并的主要推动者就是这两家企业的共同投资方，至少是贝莱德、高瓴资本、老虎基金、中国人寿四家，毕竟高额补贴所烧的钱是他们的钱。优步前首席执行官特拉维斯·卡兰尼克（Travis Kalanick）在其 Facebook 账号上说："只有实现盈利，才能支撑我们对中国城市、乘客和司机的持续服务。此次合并，让我们和滴滴出行可以共同面对这个巨大的**使命**。"

滴滴兼并优步，双方互惠互利。优步与滴滴连年亏损，高达 10 亿~20 亿美元，投资人不愿再继续烧钱；而滴滴在中国市场的地位不可**撼动**，这时优步退出则更加**理性**。此外，滴滴、优步合并，可以减少竞争，壮大自身从而更有力地**遏制**其他竞争对手的壮大，如易到和神州专车。

中国互联网界这种从"相杀"到"相爱"的故事不断上演。2012 年优酷与土豆，2015 年滴滴与快的、58 与赶集、美团与点评以及携程与去哪儿，众多互联网**细分**领域的"老大"与"老二"最终牵手，寻找盈利之道。

（根据搜狐网"亚太观澜"文章《从"相爱"到"相杀"，滴滴收购优步中国的五大原因》、《新京报》2016 年 8 月 2 日文章《相杀到相爱，优步"见好就收"》等综合改写）

专有名词

1. **BAT**：B 指百度、A 指阿里巴巴、T 指腾讯，这是中国三大互联网公司百度（Baidu）、阿里巴巴（Alibaba）、腾讯（Tencent）首字母的缩写。

2. **贝莱德**：BlackRock, Inc. 公司成立于 1988 年，美国规模最大的上市投资管理公司，总部位于美国纽约。

3. **高瓴（líng）资本**：由张磊于 2005 年创立，是一家专注于长期结构性价值投资的投资公司。

4. **老虎基金**：美国老虎环球基金（Tiger Global Management）由朱利安·罗伯逊（Julian Robertson）创立于 1980 年，是一家全球风险投资机构。

5. **中国人寿**：成立于 1949 年，是中国国有特大型金融保险企业，总部设在北京，世界 500 强企业。

生词

1. **使命**：应完成的任务；应尽的责任。
坚守使命　国家使命

2. **撼（hàn）动**：摇动；震动。
撼动世界　无法撼动

3. **理性**：考虑问题、处理事情不冲动，不凭感觉做事情。与"感性"相对。
有理性　理性思维

4. **遏（è）制**：指用力阻止、制止；控制。
遏制疫情　遏制不住

5. **细分**：根据消费者的不同年龄、性别、需求、消费习惯等方面的差异，把某一类产品的市场划分为不同消费者群的分类过程。每一个消费者群就是一个细分领域。

思考

1. 滴滴出行兼并优步中国以后，优步中国是否保持独立营业？是否保留原有的"优步中国"品牌？

2. 滴滴出行兼并优步中国以后，"烧钱大战"结束，消费者和司机的体验有哪些变化？

核心课文

Facebook 为何天价收购 WhatsApp

2014 年 2 月 20 日，社交网站 Facebook 宣布，公司将按照现金及股票方式，以 190 亿美元的价格**收购** WhatsApp。收购结束后，WhatsApp 将继续保持独立运作，保留原有的品牌。

WhatsApp 居然被 Facebook 花 190 亿美元收购了，这相当于收购了 19 个 Instagram、5.9 个 Nest、32.8 个 MySpace、11.5 个 YouTube、2.64 个诺基亚。190 亿美元的收购价格仅次于 2002 年惠普以 250 亿美元收购 Compaq 的纪录，难怪有人说这简直是"天价"。宣布这笔收购的消息后，Facebook 股价下跌了 2.29%，市值为 1 735 亿美元，这笔收购占了公司市值的十分之一。

WhatsApp 由雅虎前员工美国人莱恩·艾克顿（Brian Acton）和乌克兰人简·库姆（Jan Koum）于 2009 年创立，公司总部设在美国加州山景城。为什么一家只有 50 余名员工的即时通信软件公司，创立才五年就能价值 190 亿美元？

2013 年 6 月，应用数据分析公司 Onavo 做了一份数据调查，在拉丁美洲和欧洲地区，90% 的 iPhone 用户都在使用 WhatsApp。在印度，WhatsApp 最受欢迎，而 Facebook Message 只排在第六位，仅占印度不到十分之一的市场份额。印度是 WhatsApp 在亚洲的最大市场。全世界有三款最主要的即时通信软件：中国的微信（WeChat），欧美比较流行的WhatsApp，东亚、东南亚流行的 Line。在移动互联网时代，Facebook 作为 PC 时代的社交网络**霸主**，如果这三家都没有参与的话，它就基本上被挡在移动互联网门外了。对 Facebook 来说，移动互联网**不可或缺**，但 Facebook Message 自身表现不佳，使公司陷入了移动互联网的危机。

除了移动互联网的危机，Facebook 年轻用户也在慢慢**流失**。有调查显示，2002年创立的 Facebook 和它的用户正在老去。Facebook 变成了年轻人眼中的"大龄产品"。Facebook CFO 戴维－埃博斯曼（David Ebersman）曾在 2013 年 10 月公开承认"Facebook 的年轻用户使用率正在**下滑**"的事实。

Facebook 不仅面临各种"内忧"，还面临着各种"外患"。WhatsApp 迅速**崛起**，微信扩大海外"朋友圈"，Snapchat 也在快速猛追，这些创新者**咄咄逼人**。据说Google 也对 WhatsApp **虎视眈眈**，曾提出以 100 亿美元收购 WhatsApp 结果被拒。

因此，收购成功 WhatsApp 成为 Facebook 必需的选择。这笔收购不仅让 Facebook 在移动互联网占据**一席之地**，还为 Facebook 消灭了一个潜在而强劲的竞争对手，同时也解决了 Facebook 青年用户流失的难题。所以，Facebook 出天价抢先拿下WhatsApp。

收购一周后，在西班牙巴塞罗那举办的"移动世界大会"（Mobile World Congress）上，扎克伯格谈起这笔收购。他认为 Facebook 以 190 亿美元的价格收购WhatsApp **物有所值**。如果认定社交将来会是 1 万亿美元的市场，你拿 1 千亿美元买下这块市场，未来它可能会由 1 千亿美元变成 2 千亿美元。互联网企业的**估值**与传统企业的估值存在极大差异，一些看似天价的收购，其背后往往考虑到更为长远和全面的利益。

回顾历史，当时看来的天价，现在证明都不贵。比如 Google 以 12 亿美元收购YouTube、雅虎以 10 亿美元投资阿里巴巴、Facebook 以 10 亿美元收购 Instagram。今天的 YouTube 是多么重要的资源，Instagram 的图片制造量完全超过了 Facebook，阿里巴巴如今市值 5 000 多亿美元。

如果你不花这么大的价钱买，或者别人不卖，后果非常严重。就好像你是一个中老年人，已经很成功了，但是你知道有一个年轻人可能是你未来的终结者，或者是你未来全部的希望所在，甚至是**拯救者**，那么你今天以什么价格把它买下来都是值得的。Facebook 出价不是**基于**资产、收入和用户的多少，而是基于自己被**颠覆**的可能性。WhatsApp 如果独立发展，极有可能成为 Facebook 的颠覆者。显然，Facebook 要尽早把 WhatsApp **扼杀**在摇篮里。否则，一旦被 WhatsApp 超越是非常危险的。

但是悲剧往往发生在，可以少花钱的时候我们没有在意它，或者觉得不值得花那么多钱去买。直到后来等你想买的时候，不得不买的时候会发现已经**高攀**不起。正所谓"今天你对我爱理不理，明天我让你高攀不起"。

微软当年**试图**购买 Google，出价 20 亿美元。但 Google 的两位创始人希望再高一点。因为 20 亿美元分给几个投资人以后，创始人自己就没几亿美元了。大家都是有理想的人，不会为这一点钱把它卖掉。如果当时微软出 100 亿美元，可能 Google 的两位创始人会心动。但对微软来说，20 亿美元已经不能再高了，因为我不知道你的商业模式和盈利模式，即你是怎么赚钱的。当年雅虎也曾试图购买 Facebook，出价 10 亿美元，Facebook 也不卖，如果能够出 30 亿美元或 50 亿美元，甚至 100 亿美元的话，Facebook 也许就卖给雅虎了。

2014 年 WhatsApp 的用户为 4.5 亿人，2016 年 10 亿人，2018 年 15 亿人，2020 年 2 月 12 日，WhatsApp 宣布其用户已达到 20 亿人，稳坐全球社交软件第一把交椅。从自身和未来的发展来说，Facebook 以 190 亿美元收购 WhatsApp 确实物有所值。设想一下，如果 WhatsApp 被腾讯收购了呢？能用钱解决的问题，都不是问题，再贵也值得。

（根据搜狐网文章《WhatsApp 收购：背景、原因、影响、前景及市场格局变动》等综合改写）

生词

1. **收购**：是企业并购的一种形式。指一家企业通过购买和证券交换等方式获取其他企业的全部资产或部分资产的所有权，以获得对该企业的控制权。被收购企业法人资格仍然存在，其资产可以是部分转让。收购一般发生在被收购企业处于正常生产经营状态时。

收购一家公司　现金收购

2. **霸（bà）主**：在某一地区或领域称霸的人或集团。

电商平台霸主　昔日霸主

3. **不可或缺**：成语，非常重要，一点都不能缺少。

不可或缺的人　不可或缺的条件

4. **流失**：（有用的东西或人）流散失去。

客户流失　人才流失

5. **下滑**：原指飞机连续降低飞行高度，从空中回到地面的过程。现在多指某些数据方面的下降。

利润下滑　成绩下滑

6. **崛（jué）起**：本义是指山峰等高起、突起，引申为事物虽然发展得晚，但是发展得特别好。

快速崛起　强势崛起

7. **咄（duō）咄逼人**：成语，形容气势汹汹，让人害怕。也可以指发展迅速，给人压力。

咄咄逼人的样子　对手咄咄逼人

8. **虎视眈（dān）眈**：成语，像老虎那样凶狠地盯着，形容不怀好意。

虎视眈眈地盯着　虎视眈眈的眼神

9. **一席之地**：成语，原指放一个座位的地方。比喻为应有的一个位置。

占据一席之地　拥有一席之地

10. **物有所值**：物品的作用和它的价值很相符。

扫地机物有所值　绝对物有所值

11. **估值**：评定某一事物的大概价值。

估值过高　估值千亿

12. **回顾**：回想过去，思考过去发生的事件；对某一时期所发生的事进行观察总结。

回顾过去　回顾历史

13. **拯（zhěng）救者**：拯救，指帮助别人并使其脱离危难、危险。"……者"表示"……的人"。拯救者，就是拯救别人的人。

Facebook 的拯救者　人类的拯救者

14. **基于**：由于，根据。

基于反对的人太多　基于事实

15. **颠覆（diānfù）**：推翻、摧毁、灭亡，引申为"改变"。

颠覆传统购物方式　颠覆传统汽车行业

16. **扼（è）杀**：本义是指掐住脖子弄死，引申为压制某事物，不让其发展。

扼杀新生事物　扼杀在摇篮中

17. **高攀（pān）**：跟社会地位比自己高、个人条件比自己好的人交朋友，多用于否定，表示客套。也可以引申为配不上拥有高贵的事物。

不敢高攀　高攀不起

18. **试图**：打算。

试图逃跑　试图破坏

重要句型

1. 190 亿美元的收购价格**仅次于** 2002 年惠普以 250 亿美元收购 Compaq 的纪录，难怪有人说这简直是"天价"。

A 仅次于 B：书面语里常用，表面意思是 A 不如 B，但实际上是强调了 A 在级别、数量、重要性等方面带来的影响也是非常大的，A 仅次于 B，隐含了 A 超过 C、D、E……

（1）仅次于选择益友的，就是选择好书。

（2）微信支付在短短两年内迅速崛起，成为中国仅次于支付宝的第二大"全民App"。

2. 有调查显示，2002 年创立的 Facebook 和它的用户正在老去。

有调查显示，……：一般用在议论文中，句子开头，引出说明的对象和相关的数据，使所要说明的对象具体化，提高准确性与可信度。

（1）有调查显示，80% 的市民对政府工作满意度比较高。

（2）有调查显示，2020 年台式电脑销售量持续下滑。

3. 正所谓"今天你对我爱理不理，明天我让你高攀不起"。

"正所谓……"：所说的话，表示引用。通常是引用俗语、名人名言或流行语等来证明自己的观点。"正"有强调的作用。

（1）正所谓"不听老人言，吃亏在眼前"，果然，他上当受骗了。

（2）正所谓"一分钱一分货"，与其花钱买那些质量不好的"低价品"，不如买质量好的"高价品"。

4. 从自身和未来的发展**来说**，Facebook 以 190 亿美元收购 WhatsApp 确实物有所值。

从……来说，……：表示从某个角度表明看法或观点，注意区别于"对……来说"，"对"引进具体的人或事物。以下例子不可以用"对……来说"。

（1）从科学的角度来说，不吃早餐是非常不健康的生活方式。

（2）从市场占有率来说，这一品牌手机领先于行业内其他任何品牌。

综合练习

一、根据课文内容，选择正确答案。

1. Facebook 宣布以 190 亿美元收购 WhatsApp 后，股价下跌 2.29%，说明（　　　　）

A. 市场竞争非常大。

B. Facebook 的这笔收购是失败的。

C. 投资者对 Facebook 的天价收购非常不满意。

D. 190 亿美元的收购价让 Facebook 感到有压力。

2. Facebook 不仅面临各种"内忧"，还面临着各种"外患"。"内忧"和"外患"分别是指（　　　　）

A. "内忧"是指 Facebook 公司对于是否收购 WhatsApp 意见不一致；"外患"是指 Snapchat 的用户市场占有率超过了 Facebook。

B. "内忧"是指收购 WhatsApp 的价格太高，占了公司资产的十分之一；"外患"是指 Google 也想收购 WhatsApp。

C. "内忧"是指内部员工对 Facebook 收购 WhatsApp 以后能否盈利充满担心；"外患"是指 Facebook Message 在印度移动互联网市场占有率不高，只排在第六位。

D. "内忧"是指自身移动互联网平台发展不好，年轻用户流失；"外患"是指其他互联网平台的快速崛起与发展对 Facebook 的威胁。

3. 这笔收购不仅让 Facebook 在移动互联网占据一席之地，还为 Facebook 消灭了一个潜在而强劲的竞争对手。这个竞争对手是指（　　　　）。

A. 微信　　　　B. Snapchat　　　　C. Google　　　　D. WhatsApp

4. "能用钱解决的问题，都不是问题"这句话的意思是（　　　　）

A. 钱可以解决一切问题。

B. 能用钱解决的问题，都是可以解决的问题。

C. 能用钱解决的问题，就用钱解决。

D. 问题分为可以用钱解决的问题和不能用钱解决的问题。

二、根据意思写出课文中对应的词语。

1. 跟社会地位比自己高的人交朋友。　　　　　　　　　　（　　　　　）

2. 物品的作用和它的价值很相符。　　　　　　　　　　　（　　　　　）

3. 在某一地区或领域称霸的人或集团。　　　　　　　　　（　　　　　）

4. 回想过去，思考过去发生的事件；对某一时期所发生的事进行观察总结。

（　　　　　）

5. 原指放一个座位的地方。比喻为应有的一个位置，强调了重要性。

（　　　　　）

6. 非常重要，不能有一点点的缺少。　　　　　　　　　　（　　　　　）

7. 考虑问题、处理事情不冲动，不凭感觉做事情。与"感性"相对。　　　（　　　　　）

8. 指用力阻止、制止；控制。　　　　　　　　　　　　　　　　（　　　　　）

9. 有用的东西或人流散失去。　　　　　　　　　　　　　　　　（　　　　　）

10. 像老虎那样凶狠地盯着，形容不怀好意。　　　　　　　　　　（　　　　　）

三、选词填空。

收购　陷入　下滑　估值　试图　崛起

基于　一席之地　不可或缺　咄咄逼人

1. "宅经济"的悄然_____，加速了电商的发展。

2. 主要技术人员的离职，使公司_____了人才危机。

3. 2013 年 9 月 3 日，微软宣布以约 71.7 亿美元_____诺基亚手机业务以及大批专利组合。

4. 在经历了近 10 年的快速增长后，公司的销量首次出现_____。

5. 春晚是中国人春节_____的文化大餐。

6. 截至 2018 年 3 月，微信小程序累计用户数超过 5.6 亿，月活跃用户数突破 4 亿，_____达 500 亿美元。

7. 随着互联网的发展与人们教育观念的改变，在线教育逐渐在市场上占据_____。

8. 电商发展_____，传统销售商在夹缝中求生存。

9. 为避免爆发全面的贸易战，中美双方_____重新启动贸易谈判。

10. 刷脸支付是_____人工智能、机器视觉、3D 传感、大数据等技术实现的新型支付方式。

四、造句。

1. A 仅次于 B

_____

_____

2. 有调查显示，……

_____

_____

3. 正所谓……

_____

_____

4. 从……来说，……

_____

_____

五、复述 Facebook 收购 WhatsApp 这一事件，尽量用到以下词语。

天价、收购、相当于、仅次于、物有所值、作为……霸主、流失、不可或缺、陷入、崛起、咄咄逼人、虎视眈眈、拯救者、被颠覆、否则、从……来说……

六、成段表达练习。

你怎么看待 Facebook 收购 WhatsApp 这一事件？通过这一事件，谈谈你对企业并购的看法。

补充阅读

雅虎：那些年错过的美好"爱情"

对"互联网原住民"的"90 后""00 后"来说，雅虎是一个陌生的名词。但在"70 后""80 后"心中，雅虎才是真正的互联网"老司机"，只是好久没有发车了。

成立于 1995 年 3 月的雅虎是全球第一家提供互联网服务的网站，其创始人是华裔杨致远和他的同学戴维·费罗。当他们创立雅虎的时候，31 岁的马云刚刚知道什么叫互联网；24 岁的马化腾还在构思企鹅的雏形。

最初，雅虎只是对网站站点进行了简单分类的分级目录，让网站资源变得有序，便于用户查询和使用。随后，雅虎逐步扩张，建立了集搜索引擎、电子邮箱、即时通信、网页广告和网站建站平台于一体的网络系统，覆盖人们生活的方方面面，成为当时世界上最大的互联网门户网站。1999 年，在互联网刚刚起步的阶段，雅虎就拥有了 1.2 亿独立用户。以电子邮箱为例，雅虎邮箱曾在全球范围内拥有 2.43 亿用户，创立仅 1 年多，雅虎就登陆纳斯达克。上市当天股价上涨了 154%，市值达到 8 亿美元。2000 年 1 月 3 日，雅虎的市值一度达到 1 280 亿美元。当年的雅虎，到底有多牛？

它是全球第一家提供互联网服务的网站，开创了互联网免费模式，即内容免费，广告收费。2000 年到 2006 年，它一直占据全球互联网排名第一的宝座。美国的 Google、Facebook，中国的新浪、搜狐和网易三大门户网无一不是它的追随者和模仿者。当年的雅虎几近无敌，甚至可以说，等同于整个互联网。

Internet 摸到门了，正在改变着世界。先驱者雅虎，却迷路了。那些年错过的爱情，能买却不买，能卖却不卖。

错过 Google

1997 年斯坦福大学的两个学生，搞了一个叫"BackRub（网络爬虫）"的研究项目，这就是 Google 的雏形。他们想要以 100 万美元卖给雅虎，高冷的雅虎却无动于衷。到了 2002 年，雅虎突然醒悟，打算以 30 亿美元收购 Google，Google 的两名创始人几乎都心动了，还了一个 50 亿美元的价格，雅虎果断放弃。今天，Google 的市值 5 000 亿美元。

错过 Facebook

2006 年雅虎报价 10 亿美元准备收购 Facebook。扎克伯格和 Facebook 的投资者几乎同意了这个交易。当时正值 Facebook 内忧外患，雅虎便趁火打劫，临场砍价至 8.5 亿美元，倍感羞辱的扎克伯格在董事会上当着所有人的面撕烂雅虎递交的协议书。过了几个月，雅虎又提出 10 亿美元甚至更高的收购价，被 Facebook 拒绝。今天，Facebook 的市值 3 000 亿美元。

错过微软

2008 年 2 月 1 日，微软开出 450 亿美元的高价，溢价 60%，向雅虎抛出橄榄枝。它希望通过两者的"联姻"，打破 Google 在搜索和在线广告市场的垄断地位。雅虎却认为报价低估了雅虎的市值。3 个月后，微软又将报价提高到了 500 亿美元，不过依旧被雅虎拒之门外。微软收购雅虎，各方一直看好，最后却不了了之。

错失了这次高价卖身的机会，雅虎犹如货架上的打折商品，无奈地等待着讨价还价，期待着买家光临。

2016 年 7 月 25 日，美国通信巨头 Verizon 宣布以 48.3 亿美元收购雅虎。对于曾经的互联网巨人来说，这个结局更像是一场羞辱。48 亿美元的售价还不到其巅峰时期千亿估值的一个零头。而到了 2017 年 6 月 13 日，Verizon 宣布最终收购价格为 44.8 亿美元，比此前下调了 3.5 亿美元。"卖身"之后的雅虎（Yahoo!）正式改名为"Altaba"。雅虎作为独立品牌正式退出历史舞台。

雅虎原本可以成为 Google、Facebook 的"爸爸"，或者微软的"儿子"，最后却像"孙子"一样被贱卖，沦为互联网浪潮的"弃子"。

（节选自搜狐网文章《宏皓：雅虎那些年错过的爱情》，有删改）

请回答下列问题。

1. 那些年错过的美好"爱情"，"爱情"是指什么？

_____

_____

2. 雅虎错过了哪些美好的"爱情"？你认为是否遗憾？为什么？

_____

_____

3. 企业并购有哪些形式？

_____

_____

4. 兼并和收购的区别主要是什么？

_____

_____

商务知识

什么是企业并购

并购指的是两家或者更多的独立企业公司合并组成一家企业，通常由一家占优势的公司吸收一家或者多家公司。

并购的内涵非常广泛，一般是指兼并（Merger）和收购（Acquisition）。

兼并是指一家企业以现金、证券或其他形式购买其他企业的所有权，使其他企业丧失法人资格，不再存在。简单地说，就是两家或者多家独立企业合并成一家，通常由一家占优势的企业吸收其他企业。

收购是指一家企业通过购买和证券交换等方式获取其他企业的全部资产或部分资产的所有权，以获得对该企业的控制权。被收购企业法人资格仍然存在，其资产可以是部分转让。

兼并与收购的区别在于：

（1）在兼并中，被合并企业作为法人实体不复存在；而在收购中，被收购企业可仍以法人实体存在，其产权可以是部分转让。

（2）兼并后，兼并企业成为被兼并企业新的所有者和债权债务的承担者，是资产、债权、债务的一同转换；而在收购中，收购企业是被收购企业的新股东，以收购出资的股本为限承担被收购企业的风险。

（3）兼并多发生在被兼并企业财务状况不佳、生产经营停滞或半停滞之时，企业兼并后一般需调整其生产经营、重新组合其资产；而收购一般发生在企业正常生产经营状态，产权流动比较平和。

由于在运作中它们的联系远远超过其区别，所以兼并与收购常作为同义词一起使用，统称为"并购"，一般不强调二者的区别。我们把并购的一方称为"买方"或并购企业，被并购一方称为"卖方"或目标企业。

企业通过并购，可以扩大生产经营规模，降低成本费用，提高市场份额。因此可以确立企业在行业中的领导地位，提升企业的整体竞争力。并购还能够有效提高品牌知名度和产品的附加值，获得更多的利润。并购活动收获的不仅是企业的资产，而且相应获得了被收购企业的人力资源、管理资源、技术资源、销售资源等。这些对公司发展战略的实现都有很大帮助。

分享经典并购案例

**商务
实践**

活动内容：

1. 将学生分为 2 ~ 3 人一组，查阅资料，选择一个经典并购案例，与同学们分享。

2. 案例可参考以下内容：并购时间、并购成交金额、并购公司双方背景介绍、并购原因、并购以后的发展等。

3. 确定案例内容后，整理成文字，并配好相应图片，各小组可通过制作 PPT、视频或者 word 文档等方式，与同学们分享案例内容。

4. 分享完成后，组织全班讨论，交流各自对于案例的看法。

3

第三课　连锁经营

课前讨论

1. 大型公司的管理、经营跟小型公司有什么不同的地方？

2. 连锁经营模式一般有哪几种类型？不同的连锁经营模式的优缺点各是什么？

3. 应该怎样决定选择哪种连锁经营模式？

学习目标

1. 了解连锁经营模式的主要分类。

2. 了解各类连锁经营模式的优点和缺点。

3. 调查一些企业的连锁经营模式，探讨它们采用这种经营模式的原因和效果。

商务故事

现代连锁经营的起源

　　1863 年，美国人乔治·吉尔曼在纽约创立了"大美国茶叶公司"。1869 年，横跨北美连通太平洋和大西洋的铁路贯通，公司也借势更名为"大西洋与太平洋茶叶公司"（简称 A&P），并一直沿用至今。

　　茶叶是非常受美国民众欢迎的商品，完全不愁销路。而且它的经营模式也非常简单，零售商只需要从上游供应商进货，加上一定利润后出售给消费者即可。因此当时美国的小型茶叶公司**多如牛毛**，竞争非常激烈。这种经营模式虽然**门槛**低，但也带来了一个问题，一家一户、**各自为战**的零售商们在向**上游**供应商订货时毫无话语权，只能被动地接受供应商提出的价格，无法自主控制经营成本。

　　A&P 公司发展到一定程度后，深感提高定价话语权的重要性。为了绕过中间商的盘剥，他们决定派人去码头，从远洋归来的货船上直接采购来自中国或日本的茶叶，这样他们可以获得非常低的茶叶价格，比通过中间商订货要合算得多。但这一模式对订货数量有很高的要求，为了解决这一问题，A&P 开始尝试一种全新的经营模式。他们在美国各地大量建立分店，采取"集中购买，分散销售"的方式，把便宜的茶叶从码头直接送到自家的各个分店，然后以低于一般市场价的价格向消费者销售。这种在当时令人**耳目一新**的经营模式，用规模经营的方式解决了订货数量的问题，从而有效地绕开了中间环节，让零售商可以获得更多的定价自主权，这种创新的经营模式就是现代连锁经营的开始。

批量采购所带来的成本优势使 A&P 公司得以迅速扩张，帮助公司获得了巨大的发展，到 1880 年，成立仅 20 年的 A&P 公司已在全美拥有 100 家连锁店了。随着规模的扩大，公司经营的品类也日益丰富，除了早期的茶叶，还增加了咖啡、食品、药品、日用百货等，A&P 从单一的茶叶公司逐渐发展成无所不包的零售业**巨无霸**。到了 20 世纪初，A&P 公司的连锁分店发展到 15 000 多家，年销售额达到 10 亿美元，已经成为世界最大的零售商，并在随后的时代里占据美国零售业销售额的榜首长达几十年之久。

生词

1. **多如牛毛**：像牛毛那样多，形容数量非常多（有贬义）。

这家公司的产品质量不行，各种小问题多如牛毛。

2. **门槛（kǎn）**：门框下部挨着地面的横木或石头，用来比喻所要求的最低条件。

这所学校非常优秀，但入学门槛也一直很高。

3. **各自为战**：自己打自己的，缺少互相照应。

很多中国公司在国际市场上各自为战，结果价格一直被外商压得很低。

4. **上游**：①河流靠近源头的那一段。

这座城市位于黄河上游。

②也可以指产业链上更靠近原材料的一方。

零售市场的价格主要是由上游批发商决定的。

5. **耳目一新**：听到的、看到的都换了样子，让人感觉很新鲜。

这家公司的手机有很多创新之处，让消费者耳目一新。

6. **巨无霸**：指实力特别强大或规模特别巨大的事物。

这家企业从一家小公司做起，现在已经发展成互联网行业的巨无霸。

核心课文

"绝味" 的管理秘诀

中国有句俗话："民以食为天"，自古以来中国人就对美食有着非同一般的热情，这也造就了今天的中国成为世界美食大国的局面。

在千姿百态的中国美食中，卤制品是深受人们喜爱的一个大类。街头巷尾各式各样的卤制品店星罗棋布，生意红火。如今，中国的卤制品市场已经发展到年销售额近千亿元的规模。这么大的市场，当然会有很多企业试图进来分一杯羹。不过跟其他行业比，卤制品行业的门槛相对较低，所以竞争也分外激烈。经过多年的拼杀，中国卤制品市场呈现出三足鼎立的格局：来自湖南的绝味、来自湖北的周黑鸭、来自江西的煌上煌。这三家企业的共同特点就是历史都不算很久，但发展速度非常快。

"特许加盟"是企业快速开拓市场的常用方式，这种方式有利于企业用较低的成本快速扩张，风险相对较小。但是，特许加盟制就像是一把双刃剑，它可以帮助企业在发展前期迅速占领市场，提高品牌认知度，但随着加盟门店增多，管理风险也会随之增加。一旦企业在门店管理方面发生问题，就会对整个品牌造成致命打击。

绝味于 2005 年从湖南长沙的一家街边小店起步，现在已经发展成为年营业额达 60 多亿元的巨无霸企业。连锁特许加盟的商业模式是其快速发展的秘诀之一，截至 2019 年底，绝味的特许加盟商超过 3 000 人，加盟店占门店比例达 95% 以上。拥有近万家加盟店且能有效管理，是绝味最为人称道的地方。这一模式看似简单，其实背后大有门道。

绝味管理层很早就意识到，让加盟商有钱可赚是重中之重。只有加盟商生存下去，绝味的加盟连锁模式才能走下去。为了实现这一目标，绝味对加盟商实行让利政策，给予加盟商足够的利润空间。另外，绝味也为加盟商提供了成熟而完善的营销和管理体系，将各环节最大限度地标准化、流程化，产品的生产和配送都由绝味负责，加盟商只需在店内负责销售产品，做好客户服务即可。换言之，在绝味的管理体系之下，加盟商甚至可以做一个甩手掌柜。

这种低风险的加盟模式当然对投资者非常有吸引力，但绝味并不是**一味**盲目扩张规模。正相反，为了避免**草率**开店，绝味对申请加盟的商家有一整套严格的**准入**体系。现在每年希望加入绝味连锁店的申请都有近万家，但是能够真正进入绝味体系的新加盟商数量并不多。绝味更倾向于鼓励原有加盟商多开新店，因为原有加盟商会更有经验，开新店的风险也相对较低，现在绝味每年新开的店80%以上都是由原有加盟商完成的。

当企业通过加盟模式扩大规模后，如何加强对加盟商的控制力，就成为摆在管理者面前的首要难题。2012年，当绝味的加盟店发展到4 000多家时，管理层意识到，按照这样的发展形势，绝味需要管理的加盟商会越来越多，这无疑是一个巨大的挑战。正是基于这些原因，绝味开始思考创新的加盟商管理模式。2013年4月，绝味全国加盟商委员会（以下简称"加委会"）正式产生。加委会是一个加盟商**自治**管理机构，其成员由各地的绝味加盟商通过选举产生，代表加盟商负责与总公司的沟通。加委会**自上而下**分为四级架构：全国加盟商委员会、片区加盟商委员会、分会加盟商委员会以及战区加盟商委员会。全国加盟商委员会下面设有北方、华东、华中、华南和西南5大片区加盟商委员会，5个片区加盟商委员会下面是27个分会加盟商委员会，分会加盟商委员会下面又设有更多的战区加盟商委员会。一些需要快速决策的问题，可以由片区加盟商委员会直接决定。

桥梁一旦搭建起来，加盟商与公司之间的沟通就变得畅通无阻。各基层委员会会定期召开月度例会、产销沟通例会，并根据情况召开专项沟通会。五大片区之间则按季度为单位，互相进行交流学习。全国加盟商委员会每半年会举行一次片区加盟商委员会**述职**大会，并与总公司高层直接对话。

加委会的设置，不仅调动了加盟商的积极性，激发了加盟商的集体荣誉感，还增强了加盟商对公司的信任感。加委会可以把加盟商的需求及时**反馈**回公司总部，同时，又能够用让大多数加盟商认同的方式，把来自公司总部的管理要求推行下去。这种公司决策向加盟商集体决策的转变，影响巨大，效果显著。

让利于加盟商和加盟商自治，是绝味"开出店、管住店"的两大秘诀。按照目前门店扩张的速度，绝味此前制订的2万家门店的扩张计划或将提前实现，这也将进一步稳固绝味在中国卤制品市场的龙头地位。

（根据李睿奇《绝味食品："万店之王"是如何炼成的？》改写）

生词

1. **秘诀**：不公开的，能够解决问题的好办法。

你汉语说得这么好，有什么学习的秘诀吗？

2. **造就**：培养并使……有成就。

这所大学几十年来造就了大批优秀的人才。

3. **千姿百态**：形容姿态多种多样，各不相同。

春天到了，公园里盛开的鲜花千姿百态，非常漂亮。

4. **街头巷尾**：城市的各个地方、到处。

马上就要过年了，街头巷尾挂满了红灯笼。

5. **星罗棋布**：像天空的星星和棋盘上的棋子，形容数量很多，分布很广。

这个国家面积广大，岛屿星罗棋布，被称为"千岛之国"。

6. **分一杯羹**（gēng）："羹"的意思是浓汤。"分一杯羹"指分享利益。

共享单车市场前景广阔，很多资本都想进来分一杯羹。

7. **分**（fèn）**外**：特别、非常。

今天刚下了一场雨，空气分外清新。

8. **鼎**（dǐng）**立**：鼎是古代煮食物的器具。形容对立的各方面的实力差不多。
三足鼎立

这几家公司在市场上形成了鼎立的竞争局面。

9. **双刃**（rèn）**剑**：两面都有刃的剑，用来形容事情既有利也有弊。

移动网络是把双刃剑，一方面确实能给大家带来方便，另一方面也可能会让人和人的关系变得更疏远。

10. **称道**：称赞。

这个品牌的手机最为人称道的就是它的稳定性。

11. **门道**：做事情的诀窍。

外行看热闹，内行看门道。

12. **重中之重**：最重要的事情。

公司今年工作的重中之重是尽快推出新款产品。

13. **一味**：一直只……（有贬义）。

工厂不能一味追求产量，而不重视产品的质量。

14. **草率**（shuài）：（做事）不认真、不仔细。

这么重要的事情，可不能草率做决定。

15. **准入**：准许符合条件者进入。

建立药品市场准入制度。

16. **自治**：民族、团体、地区等除了受所隶属的国家政府或上级单位领导外，对自己的内部事务行使一定的自决权。

广西壮族自治区/村民自治委员会　民族区域自治

17. **自上而下**：从上到下，从上级到下级。

俄罗斯国旗有三种颜色，自上而下分别是白色、蓝色和红色。

这次教育改革从省城开始，自上而下推广到全省各地。

反义词：自下而上。

18. **述职**：向上级主管部门或有关人员陈述（报告）工作情况。

每年年底，教师们都要向学校提交述职报告，汇报这一年的工作情况。

19. **反馈**（kuì）：对意见、信息等作出反应。

售后服务部门很快就把消费者的意见反馈给了生产厂家。

重要句型

1. 绝味管理层很早就**意识到**，让加盟商有钱可赚是重中之重。

意识到：表示"感觉到……""发现"，是一种比较书面的表达方式。

（1）看到树上的叶子变成黄色，他意识到秋天已经来了。

（2）阿里发现教室的门没有开，才意识到今天放假不上课。

2. **换言之**，在绝味的管理体系之下，加盟商甚至可以做一个甩手掌柜。

换言之：意思是"换句话说"，是对前面所说的话进行解释、补充和说明。

（1）他在这个项目上已经失败了两次，换言之，他只剩下最后一次机会了。

（2）他们已经占领了一半的国内市场，换言之，已经成为这个行业的霸主。

3. 绝味更**倾向于**鼓励原有加盟商多开新店。

倾向于：表示比较愿意赞成某一种意见。

（1）这件事情，我倾向于让小王去处理，他做事比较理性。

（2）我更倾向于选择跟 A 公司合作，他们这两年崛起得很快，比较有前途。

4. 绝味此前制订的 2 万家门店的扩张计划**或**将提前实现。

或：在这里是"可能、也许"的意思，用来表示估计，是比较书面的用法。

（1）他们今晚已经启程，明天上午或可到达。

（2）基于越来越恶劣的天气，明天公司或将推迟新品发布会。

综合练习

一、根据课文内容，选择正确答案。

1. 关于中国的卤制品市场，下面的描述不正确的是（　　　　）

A. 绝味、周黑鸭和煌上煌是中国卤制品市场的三巨头。

B. 中国卤制品市场规模非常大。

C. 很多公司都希望进入卤制品市场。

D. 卤制品市场的门槛比较高。

2. 关于绝味公司，下面哪项是不正确的？（　　　　）

A. 绝味公司的历史比较长。

B. 绝味公司主要的经营模式是特许加盟。

C. 绝味公司有一些直营店。

D. 绝味公司来自湖南省。

3. 绝味公司有效管理近万家加盟店的秘诀不包括（　　　　）

A. 要让加盟商有钱可赚。

B. 积极扩大新加盟商的数量。

C. 让加盟商自己管理自己。

D. 积极听取加盟商的意见和建议。

4. 绝味的加盟商委员会，自上而下正确的顺序是（　　　　）。

A. 全国加盟商委员会、片区加盟商委员会、分会加盟商委员会、战区加盟商委员会

B. 全国加盟商委员会、分会加盟商委员会、战区加盟商委员会、片区加盟商委员会

C. 全国加盟商委员会、分会加盟商委员会、片区加盟商委员会、战区加盟商委员会

D. 全国加盟商委员会、战区加盟商委员会、分会加盟商委员会、片区加盟商委员会

二、根据意思写出课文中对应的词语。

1. 听到的、看到的都换了样子，让人感觉很新鲜。　　　　　（　　　　）

2. 做事情的诀窍。　　　　　　　　　　　　　　　　　　　（　　　　）

3. 向上级主管部门陈述（报告）工作情况。　　　　　　（　　　　　　　）

4. 自己打自己的，缺少互相照应。　　　　　　　　　（　　　　　）

5. 不公开的，能够解决问题的好办法。　　　　　　　（　　　　　）

6. 最重要的事情。　　　　　　　　　　　　　　　　（　　　　　）

7. 从上到下，从上级到下级。　　　　　　　　　　　（　　　　　）

8. 像天空的星星和棋盘上的棋子那样，形容数量很多，分布很广。

　　　　　　　　　　　　　　　　　　　　　　　　（　　　　　）

9. 对意见、信息等作出反应。　　　　　　　　　　　（　　　　　）

10. 指实力特别强大或规模特别巨大的事物。　　　　　（　　　　　）

三、选词填空。

上游　一味　草率　称道　多如牛毛　双刃剑
造就　门槛　街头巷尾　分一杯羹

1. 这件事情要考虑的方面很多，不要_____地做决定。

2. 现在网络小说_____，不过值得读的作品并不多。

3. 小明把捡到的钱包交给了警察，这种行为值得_____。

4. 球队夺得世界冠军的那个晚上，_____挤满了庆祝的人群。

5. 改革开放让中国打开了巨大的市场，各国商人都想进来_____。

6. 大数据是一把_____，方便了大家的同时，也带来隐私泄露的问题。

7. 如果_____追求 GDP 的增长，而不注意保护环境，这样的发展并不健康。

8. 因为一直招不到合适的人才，公司只好降低了招聘的_____。

9. 多年的努力学习，终于_____了他今天的成绩。

10. A&P 公司用连锁经营的方式，绕开了_____批发商的盘剥。

四、造句。

1. 意识到

_____

_____

2. 换言之

_____

_____

3. 倾向于

_____

_____

4. 或

_____

_____

五、根据课文内容填空。

自古以来中国人就对美食有着非同一般的热情，这也_____了今天的中国成为世界美食大国。卤制品是深受人们喜爱的美食，城市中各式各样的卤制品店_____。现在中国的卤制品市场已经发展到近千亿元规模，很多企业都试图进来_____。不过卤制品行业的_____较低，所以竞争也_____激烈。经过多年的拼杀，绝味、周黑鸭和煌上煌从竞争中脱颖而出，形成了三足_____的格局。

特许加盟模式有利于企业用较低的成本快速扩张，但它是一把_____，随着加盟门店增多，管理风险也会增加。直营连锁模式的利弊正好跟特许加盟相反，_____，特许加盟的缺点正好是直营模式的优点，直营模式更容易对门店进行管理，但扩张的成本比较高。

绝味选择了特许加盟的模式，他们现在已经有近万家加盟店，能够有效管理这么多门店，绝味确实有值得_____的管理_____。绝味管理层很早就_____，让加盟商有钱可赚是_____，所以他们对加盟商实行让利。另外，他们建立了加盟商_____体系，把全国的加盟商_____分成四级架构，让他们自己管理自己。这两种方法让绝味在快速扩张的同时，还能保持稳定的质量。

六、成段表达练习。

根据核心课文和补充阅读的内容，结合商务知识部分，用自己的话来介绍一下常见的几种经营模式，包括分类、特点和优缺点。说一说如果你自己经营一家连锁企业，会选择哪种经营模式？为什么？把你的想法写下来，字数要求：300 ~ 400 字。

📖 补充阅读

周黑鸭的直营之路

1994 年，19 岁的重庆小伙周富裕跟随姐姐来到武汉，在姐姐打工的卤菜店旁架起炉子煮酱鸭。他别出心裁地把辣和甜这两种看起来不可调和的味道巧妙结合到一起，创造出了微甜爽辣的新口味卤鸭，并给这种口味独特的卤鸭起名为"周记怪味鸭"。这种"怪味鸭"一经推出就很受消费者欢迎，在市场上风靡一时，给周富裕带来了第一桶金。不过随着产品的成功，市场上也开始出现了很多仿冒品，让周富裕刚刚起步的事业陷入了困境。周富裕意识到企业要有长远的发展，必须走上规范化的道路。于是他放弃了原来的家族作坊经营模式，正式成立了公司，注册了"周黑鸭"商标，并且广聘专业人才，使公司开始向现代化企业转型。这一系列举措有效地提高了企业的竞争力，"周黑鸭"开始向着中国卤制品企业的第一梯队发力狂奔。

"周黑鸭"在快速发展的过程中，一开始也像大多数中国企业一样，选择了特许加盟的路径。2006 年，周富裕在南昌一口气开了 11 家周黑鸭加盟店，这些加盟店帮助他快速赚进 20 多万元利润。但是加盟店的质量难以掌控，接连发生的几起产品质量和服务问题，对周黑鸭的品牌形象造成很大伤害，最终周富裕不得不花高价把这些加盟店全部收购，改为直营。

"我们这个行业最大的风险是食品安全危机，做加盟难以掌控质量"，这次教训让周富裕印象深刻。从此他改变了经营模式，坚持"不做加盟，不做代理"，而是采取"中央厨房＋直营店"的模式，在全国各地稳扎稳打地开拓市场。随着周黑鸭在业内越来越有名气，他们也不断接到很多想要高价加盟开店的请求，但周富裕都牢记教训，不为所动。坚持直营的道路并不好走，周黑鸭的门店扩张速度相比同行慢了许多，覆盖范围也远远落后于竞争对手。不过直营带来的好处也显而易见：周黑鸭在食品质量和服务方面都能保持稳定如一的高水准，受到消费者的欢迎和信任，同时直营门店的利润也高于加盟店，这为周黑鸭创造了巨大的财富。2015 年，周黑鸭的主要竞争对手之一绝味在全国的门店达到 7 000 余家，是周黑鸭的 10 倍。然而双方利润却正好反了过来，当年周黑鸭的净利润高达 5.5 亿元，远超绝味的 1.9 亿元。周黑鸭找到了适合自己的发展道路。

2016 年 11 月 11 日，周黑鸭在香港交易所主板挂牌上市，至收盘股价大涨13%，坐拥周黑鸭 63% 股权的创始人周富裕身家飙升至 74 亿元，成为名副其实的"富裕"之人。

（根据新浪财经宁泽西文章改写）

请回答下列问题。

1. "第一桶金"是什么意思？周富裕是怎样赚到"第一桶金"的？

2. 周黑鸭为什么坚持只做直营店？

_____

_____

3. 周黑鸭只做直营店的经营模式，有哪些优点和缺点？

_____

_____

商务知识

常见的连锁经营模式有哪些

企业发展到一定程度之后，扩大经营范围和规模是顺理成章的事情。特别是企业如果需要在外地乃至外国发展，怎样经营、管理企业在异地的业务，就成为必须考虑的问题。

连锁经营是一种常见的商业组织形式和经营制度，它是通过对若干零售企业实行集中采购、分散销售、规范化经营，从而实现规模经济效益的一种经营模式。经过多年的发展，连锁经营现在主要有三种常见的模式：直营连锁模式、特许加盟模式和自由连锁模式。

直营连锁模式（Regular Chain，简称 RC），指由总公司直接经营的连锁模式。公司总部直接对各地分店进行管理，各分店并无独立法人资格，也无经营决策权。所有分店由总公司统一投资、统一经营、统一核算。采取直接连锁的经营模式，可以保证公司管理和产品质量的稳定性，有利于维护品牌形象，也可以让总公司获取较高的利润。但这种经营模式对总公司的财力、物力和人力都有较高的要求，同时也会降低各地分店根据当地实际情况采取合适经营策略的灵活性。

特许加盟模式（Franchise Chain，简称 FC），又称特许连锁，拥有知识产权、技术和管理经验的总公司在各区域寻找合作伙伴，收取一定比例的授权费，授权合作伙伴在限定区域内使用总公司的知识产权、技术及管理经验。这类加盟店都是独立法人，所有权一般由合作伙伴所拥有，财务上也是独立核算，总公司每年可以按照约定从加盟店收取一定费用。这种经营模式有利于总公司用较低的成本快速扩张市场，风险相对较小，同时合作伙伴来自当地，在经营策略上也更为灵活。不过由于特许加盟模式一般只收取授权费，所以在经营顺利的情况下，总公司能够从中获得的利润也比直营连锁模式要低。

自由连锁模式（Voluntary Chain，简称 VC），这种连锁模式比较特殊，加入这种连锁模式的企业并不是由总公司帮助创立，而是之前就已经存在并独立运营的中小型企业。在激烈的商业竞争环境中，中小企业之间为了共同利益而互相合作，结合成松散的联盟。联盟各成员仍然是独立法人，具有较高的自主权，只是在部分业务范围内合作经营，以达到共享规模效益的目的。例如 2002 年，河南省的 4 家中型连锁超市企业就联合组成"四方联采"同盟，联合采购、联合配送，有效降低了各自的运营成本，四方都从中获益匪浅。

（根据 MBA 智库百科"连锁经营"条目改写）

请回答下列问题。

1. 常见的连锁经营模式有哪几种？你能举出各自的例子吗？

_____

_____

2. 这几种连锁经营模式的优点和缺点各是什么？

_____

_____

调查企业经营模式

商务实践

活动内容：

1. 将学生分为 3~5 人一组，每个小组自行选定一家大型企业，调查该企业的经营模式。

2. 各小组之间应互相协调，避免出现多个小组调查同一家企业的情况。

3. 具体调查方式由小组成员自行商议决定，可以通过互联网查询资料，也可以上门调查。

4. 调查完成后，每个小组都需要制作 PPT，介绍本小组调查的结果，内容可以包括：该企业的情况简介、该企业的经营模式（发展与现状）、该企业选择现在经营模式的原因、这种经营模式的优点和缺点等，PPT 的内容除了介绍客观事实外，还需要提出自己的观点和看法。

5. PPT 完成后，在班级上进行公开展示及讨论，共同探讨不同经营模式的特点、优点和缺点。

4 第四课 商务谈判

课前讨论

1. 说一说你跟别人的一次谈判经历。

2. 谈判前要做哪些准备？

3. 有人认为应该先跟客户交朋友再谈生意，有人则认为应该先把生意做好再成为好朋友。你觉得呢？

学习目标

1. 学习掌握与谈判有关的生词。

2. 理解谈判中设置谈判期限、建立良好个人关系的重要性。

3. 了解提问的两种方式和商务谈判的几个特征。

商务故事

11 个农夫和 1 个农夫

在一个边远小镇上，由于法官和法律人员有限，因此当地法律规定，每次案件的判决，都必须由 12 位民众组成陪审团。只有当这 12 名陪审团成员达成共识时，某项判决才能成立，才具有法律效力。

有一次，这个小镇在审理一起案件时，由 12 名农夫组成了陪审团。经过审理和沟通，其中 11 名陪审团成员已达成一致意见，认定被告有罪，但剩下的一名陪审团成员彼得则认为被告无罪。由于陪审团内部意见的不一致，审判陷入了<u>僵局</u>。11 名认定被告有罪的陪审团成员试图说服彼得，但是这位彼得先生是个年纪很大、头脑很<u>顽固</u>的人，无论别人怎么说，就是不肯<u>妥协</u>。审判从早上一直拖到下午都没有结果，大家都有些<u>疲倦</u>，但彼得仍然寸步不让。

就在11名陪审团成员**一筹莫展**时，突然天空乌云密布，眼看一场大雨即将来临。此时**正值**秋收过后，各家各户的粮食都晒在场院里。11名农夫都为自家的粮食而着急，他们**迫切**希望赶快结束这次审判，尽快回去收粮食。

于是，他们对彼得说："老兄，你就别再坚持了，就要下雨了，我们的粮食还在外面晒着，赶快结束审判回家收粮食吧。"谁料彼得丝毫**不为所动**，坚持说："不行，我们是陪审团成员，我们要坚持公正，这是国家**赋予**我们的责任，怎么能为了自己的私利，轻易做决定？在我们没有达成一致意见之前，谁也不能**擅自**做出判决！"这番话令那几名农夫更加着急，哪还有心思讨论判决的事情？为了能尽快结束这难熬的讨论，11名农夫开始动摇了。这时只听天空"轰隆"一声，惊雷仿佛震破了11名农夫的心，他们再也坚持不住了，**纷纷**表示愿意改变自己的态度，转而投票赞成彼得的意见，于是宣告被告无罪。

生词

1. **僵**（jiāng）**局**：僵持的局面；你不让我我不让你的局面。

谈判陷入了僵局。

谈判桌上，他的一句话打破了僵局。

2. **顽固**：思想保守，不愿意接受新鲜事物。

他是一个顽固的人。

他的思想很顽固。

3. **妥**（tuǒ）**协**：用让步的方法避免矛盾。

为了能解决问题，大家都不得不妥协。

这件事情非常重要，一点都不能妥协。

4. **一筹**（chóu）**莫展**：一点计策也施展不出；一点办法也想不出。

面对困难，他一筹莫展。

正当我们一筹莫展的时刻，他想出来一个好主意。

5. **正值**：就在（……的时候），正好在（……的时候）。

此时正值春节，街上十分热闹。

目前正值旅游旺季，各大景区人山人海。

6. **迫**（pò）**切**：非常着急想要……（到了不能等待的程度）

工厂造成的环境污染问题迫切需要解决。

学生和家长们都迫切要求进行教育改革。

7. **不为**（wéi）**所动**：不受外力影响而变动；不管别人怎么说都不改变自己。

面对别人的指责，他丝毫不为所动。

对方咄咄逼人，他却不为所动。

8. **赋予**（fùyǔ）：交给，给予。

这是法律赋予我们的权利。

大学生应该肩负起时代赋予的使命。

9. **擅**（shàn）**自**：对不在自己职权范围内的事情自作主张。

他擅自做出了提前开门的决定。

未经老师允许，学生在夜间不得擅自离校。

10. **纷纷**：（许多人或事物）接二连三地。

秋天到了，树叶纷纷落下。

外国商人纷纷来中国洽谈生意。

思考

1. 11 名农夫都认为被告有罪，只有 1 名农夫认为被告无罪，但最后被告被宣告无罪。为什么？

2. 这个故事告诉我们关于谈判的一个什么道理？

核心课文

（一）亚当森与伊斯曼

柯达公司是世界著名的专业摄影器材公司。一次，柯达公司的总裁伊斯曼先生决定捐巨款在英国曼彻斯特市建造音乐厅、纪念馆和剧院。许多建筑商闻讯纷纷前来洽谈，但都没能获得柯达公司的青睐。一家名叫"优美座位"的建筑公司得知了这个消息，他们非常希望能争取到这笔生意，借此扩大公司的名声，树立公司在市场上的形象。

这天，"优美座位"公司的总经理亚当森来到柯达公司总部，他向总裁秘书说明了希望拜见伊斯曼先生的意图。秘书通报后告诉亚当森，伊斯曼先生同意跟他见面。不过秘书也<u>告诫</u>他："我知道您急于得到这批订单，但我现在可以告诉您：如果您占用伊斯曼先生 5 分钟以上时间，您就完了。他可是个大忙人，所以您进去后要迅速地讲，讲完后马上出来。"

秘书领着亚当森进入伊斯曼的办公室，伊斯曼正忙于处理桌子上的一大堆文件。

亚当森一边静静地等候在那里，一边**环视**办公室里的装饰。过了一会儿，伊斯曼抬起头来，发现了亚当森，便**随口**问道："先生有什么事情？"秘书向总裁简略地介绍了亚当森，然后就出去了。

亚当森环视办公室，对总裁说："伊斯曼先生，当我在这里等候的时候，我仔细地观察了您的这间办公室。我本人长期从事室内的木艺装修，但从未见过装修得这么精致的办公室。"

"哎呀！你要不说，我差点儿忘了。"伊斯曼总裁高兴地说："这间办公室是我亲自设计的，当初刚建好的时候，我喜欢极了。但是后来一忙，一连几个星期我都没有时间仔细欣赏。"

亚当森走到墙边，用手指在木板上一敲，说："我想这是英国橡木，是不是？意大利橡木的**质地**不是这样的。"

"是的。"伊斯曼总裁高兴地说："那是从英国进口的橡木，是一位专门研究室内木艺的朋友**专程**去英国为我订的货。"

说着说着，伊斯曼总裁情绪越来越好，竟然撇下那堆待批的文件，**兴致勃勃**地带着亚当森仔细参观起办公室来了。他把办公室内的所有装饰一件一件向亚当森介绍，从木质谈到造型，从造型谈到颜色，又从工艺谈到价格，然后详细地介绍了他设计这间办公室的过程。亚当森**饶有兴致**地微笑着**聆听**伊斯曼的介绍，不时发出赞叹之声，还**不失时机**地询问伊斯曼的奋斗经历。伊斯曼便向他讲述了自己的**坎坷**经历：少年时自己是如何在贫困的生活中**挣扎**，长大后又是走过了怎样**轰轰烈烈**的创业历程，以及后来自己为什么打算向社会捐献巨款……

亚当森不但听得**聚精会神**，而且**发自内心**地表示敬意。本来秘书告诫过亚当森，谈话不要超过5分钟，结果亚当森与伊斯曼谈了一个多小时。最后亚当森不仅得到了这笔工程的订单，还和伊斯曼先生结下了终身的深厚友谊。

（根据搜狐网文章《国商信联：建立真正的朋友关系生意就好做了》改写）

（二）高先生与承包商

华克公司**承包**了一项建筑工程，根据合同约定，他们要在某个日期之前完成一座庞大的办公大厦建设。开始计划进行得很顺利，不料在接近完工的阶段，负责供应内部装饰用铜器的承包商突然宣布：他们无法如期交货。这真是个糟糕的消息，因为这样一来，整个工程都要被**耽搁**了！如果不能及时解决问题的话，华克公司将要支付巨额罚金，遭受重大损失。于是，华克公司不断地与铜器承包商进行交涉，可是一次次的电话交涉都没有取得进展。不得已，华克公司只好派高先生作为代表，前往铜器承包商所在的纽约市，准备与对方进行面对面的谈判。

高先生一走进那位承包商的办公室，就微笑着说："您知道吗？在布鲁克林区，有您这个姓的人只有一个。我一下火车就查阅电话簿想找到您的地址，结果巧极了，有这个姓的只有您一个人。"

"是吗？我一直都不知道呢。"承包商听完，**半信半疑**地查阅起电话簿来。过了一会儿，他抬起头来，脸上带着笑意："还真是这么回事！"他有些骄傲地接着说："不错，这是一个很不平常的姓，我们这个家族是从荷兰移居到纽约的，到现在几乎有200年了。"他继续兴致勃勃地谈论着他的家族及祖先。当他说完之后，高先生称赞他居然拥有一家这么大的工厂。承包商说："这是我花了一生的**心血**建立起来的一项事业，我为它感到骄傲，你愿不愿意到车间里去参观一下？"高先生**欣然**应允。

在参观时，高先生一再称赞承包商的公司组织制度健全、机器设备新颖高效。这位承包商高兴极了，他骄傲地介绍到，这里有一些机器还是他亲自发明的呢！高先生马上又向他请教机器的操作方式，双方谈得非常开心，一聊就聊到了中午。承包商坚持要请高先生吃饭，他说："到处都需要铜器，但是很少有人像您这样对这一行感兴趣的。"**盛情难却**，高先生接受了对方的邀请。吃完午餐，承包商说："现在，我们谈谈正事吧。我当然知道您这次来的目的，本来我是不想见您的，只是**碍于**面子不好意思直接拒绝。但我没有想到我们的相会竟是如此愉快。您可以带着我的保证回去，你们要的材料一定会如期达到。我这样做会给另一笔生意带来损失，不过我认了。"

就这样，高先生**轻而易举**地获得了他急需的东西。那些铜器及时运到，使大厦终于在合同期限到来之前顺利完工了。

生词

1. **告诫**（jiè）：警告劝诫。多用于上级对下级或长辈对晚辈。

他再三告诫儿子要好好学习。

老师常常告诫我们"骄傲使人落后"。

2. **环视**：向周围看。

他环视四周，发现一个人也没有。

他环视了一下教室。

3. **随口**：没经过考虑，随便（说出）。

我只不过是随口说说而已，你不要当真。

他随口回答："好吧。"

4. **质地**：某种材料结构的性质。

红木家具质地坚硬，做工精致，受到许多人的青睐。

这块布料质地很柔软。

5. **专程**：专为某事而到某地。

老板专程去机场迎接客户。

学生专程到广州看望生病的老师。

6. **兴致勃（bó）勃**：兴趣很浓厚、情绪很高涨的样子。

他兴致勃勃地向我谈起出国旅游的见闻。

游客们兴致勃勃地开始了参观。

7. **饶（ráo）有兴致**：很有兴致，很感兴趣。

老师饶有兴致地听我讲述昨天发生的事情。

他饶有兴致地看着那幅画。

8. **聆（líng）听**：集中精力认真地听。

全体员工聆听了总经理的演讲。

我的报告结束了，感谢大家的聆听。

9. **不失时机**：成语，不错过当前的机会，指做事要抓住合适的时间和机会。

星巴克不失时机地收回了直营权，迅速扩大中国市场。

10. **坎坷（kǎnkě）**：道路高低不平；事情波折多，不顺利。

山上只有一条坎坷不平的小道。

他一生经历了很多坎坷。

11. **挣扎（zhēngzhá）**：用力支撑。

他拼命地挣扎。

他挣扎着从病床上爬了起来。

12. **轰（hōng）轰烈烈**：形容（活动）规模很大、影响很大。

这项活动在全国各地开展得轰轰烈烈。

13. **聚精会神**：非常专心、注意力高度集中的样子。

同学们聚精会神地听老师讲课。

开车要聚精会神，千万不能分神。

14. **发自内心**：从内心发出。

我发自内心地感谢您。

拥有真才实学才能赢得对方发自内心的尊敬。

15. **承包**：接受工程、订货或其他生产经营活动并且负责完成。

他承包了一个大工程。

这个项目由他承包。

16. **耽搁（dān·ge）**：拖延，耽误。

身体不舒服赶快上医院，别耽搁了。

因为关键材料短缺，整个工程都耽搁了。

17. **半信半疑**：既有些相信，又有些怀疑。

听到这个消息，我有点半信半疑。

18. **心血**：心思和精力。

为了公司上市，他花费了所有的心血。

这本书花费了他大半生的心血。

19. **欣然**：高兴、愉快的样子。

朋友请他吃饭，他欣然前往。

20. **盛情难却**：热烈的情意难以推辞。

虽然还有不少事情等着做，但主人盛情难却，他也只好接受了邀请。

21. **碍（ài）于**：表示"被……阻挡"。

他本来不想去的，但碍于面子不好意思拒绝，只好答应了。

22. **轻而易举**：事情容易做，不费力。

他轻而易举地搬起了一块大石头。

这对他来说，简直是轻而易举的事情。

重要句型

1. 秘书领着亚当森进入伊斯曼的办公室，伊斯曼正**忙于**处理桌子上的一大堆文件。

忙于……：忙着做（某方面的事情）。

（1）要过年了，街道上人山人海，人们忙于采购年货，个个手中都大包小包的。

（2）父亲整日忙于工作，无暇关心孩子的学习和生活。

2. 他把办公室内的所有装饰一件一件向亚当森介绍，**从**木质谈**到**造型，**从**造型谈**到**颜色，又**从**工艺谈**到**价格，然后详细地介绍了他设计这间办公室的过程。

从……到……，从……到……，从……到……：用于比较详细的列举。

（1）衷心感谢王老师对我毕业论文的悉心指导，从论文选题到框架结构，从资料收集到整体思路，从文字表达到论文格式，王老师都给予了我详细的建议。

（2）张经理兴致勃勃地说起他们公司的产品来，从尺寸说到颜色，从颜色说到材质，又从设计说到市场价格。

3. 这真是个糟糕的消息，因为**这样一来**，整个工程都要被耽搁了！

这样一来：这样的话，用于承接前面情况的出现。

（1）你说得太好了，这样一来，我什么都明白了。

（2）你最好在今天之内就把策划书交给总经理，这样一来，他就不会再生气了。

4. 一次次的电话交涉都没有取得进展。**不得已**，华克公司只好派高先生作为代表，前往铜器承包商所在的纽约市，准备与对方进行面对面的谈判。

不得已：没有办法；不能不这样。

（1）我们说了很多遍，他也不肯听，不得已，我们只好不管他了。

（2）其实我们也不想这样做，但现在已经太晚了，不得已，我们只能先走了。

综合练习

一、根据课文内容，选择正确答案。

1. 亚当森到柯达公司总部的目的不包括（　　　　）

A. 了解柯达公司总裁伊斯曼先生的奋斗经历。

B. 获得建造曼彻斯特音乐厅、纪念馆等的生意。

C. 通过建造曼彻斯特的大型建筑来提高公司的知名度。

D. 通过建造好曼彻斯特的大型建筑树立公司在市场上的形象。

2. 关于亚当森和伊斯曼的谈判，下面说法不正确的是（　　　　）

A. 亚当森并没有直接告诉伊斯曼他想争取这笔生意。

B. 在对话中，亚当森得知伊斯曼的办公室是由伊斯曼自己亲自设计装修的。

C. 亚当森很善于观察，也很善于聆听。

D. 亚当森和伊斯曼不断地讨价还价，谈判进行了一个多小时。

3. "我这样做会给另一笔生意带来损失，不过我认了。""我认了"的意思是（　　　　）

A. 我认识到自己无法如期交货是不对的。

B. 我愿意承担另一笔生意带来的损失。

C. 我是一个做事认真的人，不想给你们带来损失。

D. 我认为我们二人已经成为好朋友。

4. 华克公司的高先生为什么轻而易举地获得了他们急需的铜器？（　　　　　）

A. 因为他觉得承包商的姓很特别。

B. 因为他只想跟承包商交朋友。

C. 因为他亲自发明了一些机器，承包商很敬佩他。

D. 因为他善于发现自己和承包商的共同兴趣，从而使得二人的谈话十分愉快。

二、根据意思写出课文中对应的词语。

1. 集中精力认真地听。　　　　　　　　　　　　　　（　　　　　　）

2. 用力支撑。　　　　　　　　　　　　　　　　　　（　　　　　　）

3. 非常专心、注意力高度集中的样子。　　　　　　　（　　　　　　）

4. 很有兴致，很感兴趣。　　　　　　　　　　　　　（　　　　　　）

5. 兴趣很浓厚、情绪很高涨的样子。　　　　　　　　（　　　　　　）

6. 警告劝诫。多用于上级对下级或长辈对晚辈。　　　（　　　　　　）

7. 事情容易做，不费力。　　　　　　　　　　　　　（　　　　　　）

8. 专为某事而到某地。　　　　　　　　　　　　　　（　　　　　　）

9. 从内心发出。　　　　　　　　　　　　　　　　　（　　　　　　）

10. 道路高低不平；事情波折多，不顺利。　　　　　　（　　　　　　）

三、选词填空。

饶有兴致　轻而易举　聚精会神　坎坷　聆听

挣扎　承包　半信半疑　耽搁　心血

1. 在繁忙的工作之余，董事长在今天下午＿＿＿＿＿＿地观看了一场篮球比赛。

2. 到今天，中国汽车品牌比亚迪已经经历了20多年＿＿＿＿＿＿的发展道路。

3. 大雪封山了，猴子们在饥饿中＿＿＿＿＿＿着。

4. 万里长城凝结了中华民族的＿＿＿＿＿＿和智慧。

5. 在经济全球化的今天，一批中国建筑企业走向海外，开始不断＿＿＿＿＿＿海外工程。

6. 教室里一片安静，同学们都在＿＿＿＿＿＿地听语文老师讲课。

7. 总经理＿＿＿＿＿＿着每一个人的发言，仔细地权衡着每一种方案的利弊。

8. 听到对方公司同意合作的消息，最初李经理还有点＿＿＿＿＿＿。

9. 实在抱歉！来的路上汽车出了点毛病，因此＿＿＿＿＿＿了一些时间。

10. 知名的调研机构 Counterpoint 发布了全球第三季度无线蓝牙耳机市场的数据报告，小米公司＿＿＿＿＿＿地拿下了第二名。

四、造句。

1. 忙于……

_____

_____

2. 从……到……，从……到……，从……到……

_____

_____

3. 这样一来

_____

_____

4. 不得已

_____

_____

五、根据课文内容填空。

柯达公司总裁伊斯曼先生要_____巨款在曼彻斯特建造音乐厅、纪念馆和剧院。许多建筑商都已前来_____过，但没有结果。"优美座位"公司经理亚当森也_____了这个消息，他希望能_____到这笔生意，更希望借此扩大公司的_____，_____公司在市场上的形象。

伊斯曼总裁向亚当森详细地介绍了他办公室各种装饰的设计过程。亚当森微笑着_____，饶有兴致，并且不时给予继续的示意和_____，亚当森还不失_____地询问伊斯曼的奋斗经历。伊斯曼便向他讲述了自己的_____经历，自己如何在贫困的生活中_____，自己发明柯达相机的经过，以及自己打算向社会捐献巨款等。亚当森不但听得_____，而且_____内心地表示敬意。

铜器承包商说："这是我花了一生的_____建立起来的一项事业，我为它感到骄傲，你愿不愿意到_____里去参观一下？"高先生_____而往。在参观时，高先生一再称赞他的组织制度健全、机器设备_____。这位承包商高兴极了，他_____到这里有一些机器还是他亲自发明的呢！高先生马上又向他请教这些机器的_____。到了中午，承包商_____要请高先生吃饭。他说："到处都需要铜器，但是很少有人像你这样对这一行感_____的。"

六、成段表达练习。

通过学习本课亚当森和高先生两个成功的谈判案例，你明白了一个什么道理？结合课文内容，说一说你的理解和体会。

补充阅读

提问的艺术

提问是谈判中彼此获取信息的重要方式。可以运用提问作为摸清对方需要、了解对方心理、表达己方情感以及引导对方思路的手段。一般提问可分为封闭式提问和开放式提问两大类。

封闭式提问是相对于开放式提问而言的，有点像对错判断或多项选择题，回答时只需要一两个词。封闭式提问常用的词汇包括：能不能、对吗、是不是、会不会、可不可以、多久、多少等。问句中如果带有以上词汇，一般就是封闭式的问题。例如："是否能提供这种产品的报价单？""能否在10月份发货？""贵公司对折扣满意吗？"这类问题可以得到特定的信息和资料，回复这类问题也不需要花费太多功夫思考。封闭式提问有时含有一定程度的威胁性，比较生硬。

某商场休息室里经营咖啡和牛奶，刚开始服务员总是问顾客："先生，喝咖啡吗？"或者是："先生，喝牛奶吗？"其销售业绩平平。后来，老板要求服务员换一种问法："先生，喝咖啡还是牛奶？"结果其销售额大增。

开放式提问是指在开放领域内不限答案的问法，就像问答题一样，不是一两个词就可以回答的。这种问题需要解释和说明，同时向对方表示你对他们说的话很感兴趣，还想了解更多的内容。要想让谈话继续下去，并且有一定的深度和趣味，就要多提开放式问题。例如："您认为这种产品/服务的竞争优势是什么？""贵公司如何评价信息技术基础设施投资方案？"对于这类问题没有明确的回答范围，可以让对方畅所欲言，以便获得更多信息。

贝聿铭是著名的华裔建筑设计师。在一次正式的宴会中，他遇到这样一件事。当时的宴会嘉宾云集，在他邻桌坐着一位美国百万富翁。在宴会中，这位百万富翁一直在喋喋不休地抱怨："现在的建筑师不行，都是蒙钱的。他们老骗我，根本没有水准。我只不过要建一座正方形的房子，很简单嘛，可是他们都做不出来，都是骗钱的！"贝聿铭是一位很有风度的人，他听到后，没有直接反驳这位百万富翁，而是问："那你提出的是什么要求呢？"百万富翁回答道："我要求这座房子是正方形的，房子的四面墙全都朝南！"贝聿铭面带微笑地说："我就是建筑设计师，你提出的这个要求我可以满足，但是我建造出来的这个房子你不一定敢住。"这个百万富翁说："不可能，只要你能建出来，我肯定住。"贝聿铭说："好，那我告诉你我的建筑方案，我将在北极的极点上建这座房子。因为在北极点上，各方向都是朝南的。"

［根据人民邮电出版社（2017）李爽《商务谈判》第五章改写］

请回答下列问题。

1. 封闭式提问有什么优缺点？

_____

_____

2. 什么时候应该进行开放式提问？

_____

_____

3. 为什么说提问是一门艺术？

_____

_____

商务知识

商务谈判的特征

商务谈判是一门科学，又是综合运用多学科知识于商务活动的一门艺术。它作为经营者开展商务活动的开路先锋，与其他经营业务活动相比，具有以下特点。

1. 谈判对象的广泛性和不确定性

商务活动是跨地区、跨国界的。如购销谈判中的商品，从理论上讲，可以出售给任何一个人。作为卖者，其商品销售范围具有广泛性；作为买者，其采购可以在商品国各地甚至全世界进行。此外，为了使交易更加有利，也需要广泛接触交易对象。但是，不论是买者还是卖者，每一笔交易都是同具体的交易对象成交的，而具体的交易对象在竞争存在的情况下是不确定的。

谈判对象的广泛性和不确定性这一特点，要求谈判者不仅要充分了解市场行情，及时掌握价值规律和供求关系变动状况，而且要选择适当的广告媒体宣传自己，树立形象，经常与社会各方面保持联系，维持老客户，发展新客户。

2. 谈判双方的排斥性和合作性

在商品经济社会中，人们在生产、交换、分配等方面存在着各自不同的物质利益，而参与商务谈判的双方都希望对方能按己方的意愿行事，所以利益上的矛盾和冲突在所难免。

在谈判活动中，谈判双方都要从对方那里得到满足，双方都是以对方的要求和策略为自己思考的起点，所以谈判又具有合作性。谈判的目的是达成协议，不是一方战胜另一方。在谈判中，双方要不断调整自己的行为和态度，做出必要的让步，而且能理解对方的要求。这样，谈判才可能取得成功，最终达成双方都较满意的协议。

3. 谈判的多变性和随机性

谈判的多变性和随机性是经济谈判中最常见、最富有挑战性的现象。经济运行处于激烈竞争和瞬息万变的市场中，作为经济活动重要组成部分的商务谈判，它的进展和变化又和谈判主体的思维与行为方式有密切的关系。因而，它不仅比一般经济活动变化更快、更丰富，而且也难以预料。由于谈判中的议题情况、格局、环境和策略的多变性，谈判会表现出各种各样的变化形式。

多变性促使偶发因素的出现，结果带来了许多随机性。谈判中，随机性越大，变量越多，可控性就显得越小，这就给谈判双方带来了更大的挑战，给谈判者提出了更高的要求。

4. 谈判的公平性与不平等性

商务谈判受当时国际、国内供求关系的影响，也受价格波动的影响。每一次谈判的具体结果，双方在需求满足问题上是具有不同得失的。也就是说，谈判的结果总是不平等的，即谈判双方可能一方需求满足的程度高一些，另一方可能低一些。导致谈判结果不平等的主要因素有两个：一是谈判双方各自拥有的实力，二是谈判双方各自所掌握的谈判技巧。但不论谈判的结果如何不平等，只要最终协议是双方共同达成的，并且谈判双方对谈判结果具有否决权，则说明双方在谈判中的权利和机会是均等的，谈判便是公平的。

[根据人民邮电出版社（2017）李爽《商务谈判》第一章改写]

模拟采购谈判

商务实践

甲大学因招生数量增加，急需采购一批课堂桌椅。乙公司是一家由该大学毕业生创办的中小家具企业，迫切希望获得该笔订单。班内同学分为两组，分别扮演甲方和乙方谈判团队，就该笔订单进行模拟谈判。

要求：

（1）甲乙双方应充分明确自己的利益所在并设置本方的谈判条件。

（2）甲乙双方应设置谈判负责人，以便做出最终决定。

（3）根据本课所学内容，使用恰当的提问方式。

（4）根据本课所学内容，使用恰当的谈判策略。

5 第五课　商贸合同

课前讨论

1. 什么是合同？合同的主要作用是什么？
2. 合同一般包括哪些内容？
3. 制定和签署合同的时候需要注意哪些方面的问题？

学习目标

1. 了解合同的基本结构和内容。
2. 了解制定和签署合同时需要注意的问题。
3. 尝试使用学到的合同知识进行模拟实践。

商务故事

"占理不占法" 的贸易纠纷

2003 年初，中国企业甲与美国贸易公司乙经过一段时间的**接洽**，签订了一份花生出口合同。合同规定，出口花生的总数量为 40 吨，采用纸箱包装，每箱装 10 袋，每袋 500 克。合同还规定了交货时间为当年的 4 月 30 日前，目的港为美国的旧金山港。

由于乙公司对甲企业提供的货物内包装袋不太满意，认为材质太粗糙，图案设计也不符合美国消费者的喜好，于是签约时决定使用自己**另行**设计的包装袋。为此，双方在合同中附加了一条关于包装的条款，规定内包装袋由乙公司提供。合同签订后，甲企业抓紧时间组织加工，同时催促乙公司抓紧运送内包装袋。甲企业于 4 月 15 日将全部货物按要求加工完毕，只等乙公司的内包装袋到位，但乙公司迟迟未将内包装袋送到。经过甲企业多次催促之后，乙公司提供的内包装袋终于在 4 月 24 日到货。甲企业立即组织装袋打包，但由于内包装袋到货时间太晚，整批货物最终没能赶上预定的船期。甲企业于4月28日致电乙公司，指出由于乙公司内包装袋的迟交，导致了甲企业不能按时交货，因此要求将交货期改为5月15日之前。

4月29日，乙公司回电说："贵方延迟交货已成事实，我方不同意贵方迟交系由我方造成的说法。但我方考虑到贵方的实际困难，愿意做出一定让步，希望贵方在价格上减让10%，否则我方将拒绝改期交货。"甲企业接到对方的电函后感到非常愤怒。但货物迟交已经形成事实，而且货物已经准备**就绪**，市场行情又不断**看跌**，甲企业没有别的选择，只好接受对方的要求。经过**交涉**，最后甲企业以价格减让8%的**代价**，换取对方同意改期交货。

本案例中造成货物延迟交货的原因在于买方乙公司没有及时提供约定的内包装袋，过错**看似**非常清楚。但甲企业在签订合同时犯了一个致命的错误，没有在合同中明确规定对方提交货物内包装袋的时间，这样就导致乙公司虽然没能及时提供内包装袋，但甲企业无法根据合同追究对方的责任。甲企业确定无疑地违反了合同的约定，无法按期交货。在这种被动局面下，甲企业也只能无奈地接受对方的降价要求，否则损失将会更大。

这个案例提醒我们，签订贸易合同时一定要考虑周全，要把每一个可能引起争议的细节都写进合同里，这样才能充分保障自身的权益不受到损害。

生词

1. **接洽（qià）**：洽：商量；"接洽"指接待、洽谈。
   业务接洽　接洽工作

2. **另行**：另外进行（后面必须跟动词搭配）。
   另行安排　另行通知
   因天气不好，广告公司决定推迟户外宣传活动，具体开始时间另行通知。

3. **就绪**：事情安排、准备好了。
   运动会的准备工作已经就绪。

4. **看跌**：（市场）认为（价格）会下跌。
   近期房产成交量持续看跌。
   反义词：看涨。
   大家都看涨明年的股市。

5. **交涉**：跟对方商量解决有关的问题。
   经过反复交涉，对方终于同意将货物交还给我们。

6. **代价**：指为达到某种目的所花的物质或精力。
   经过一天的战斗，付出了死伤100多人的代价，他们终于打败了敌人。

7. 看似：看起来好像……（实际上却不是这样）

这道菜看似简单，但实际上做起来非常复杂。

思考

1. 甲企业与乙公司的贸易发生了什么问题？你认为问题的责任主要在甲企业还是乙公司？

2. 根据课文，问题最后是怎么解决的？结果对哪家公司有利？为什么会这样？

核心课文

警惕电子商务贸易合同中的"陷阱"

在国际贸易**领域**，电子商务正逐渐成为一种趋势。由于电子商务具有便捷、易操作的优点，越来越多的企业选择通过电子商务来洽谈贸易细节、确立合同关系。然而，这种新型的贸易形式也存在着**诸多**不安全因素，有的企业甚至故意利用电子商务形式设置贸易"陷阱"，让其他企业**深受其害**。

2014 年 6 月，河北的一家机械生产厂家 A 通过中间商的介绍，拟同美国一家大型贸易公司 B 达成一笔 6 万美元的交易。其交易货物是为某种特定车型**定制**的除雪铲，由于 B 公司所在的美国北部地区冬季经常下大雪，当地市场对这种特种除雪机械有很大的需求。虽然首次交易的金额不是很大，但 A 厂家通过前期的调查了解到，B 公司规模很大，资金实力雄厚，在当地属于行业龙头。A 厂家希望能够通过这次合作与 B 公司建立业务联系，逐步加强往来，形成良好的贸易关系。

不过这次交易跟以往有些不一样的地方，双方并没有进行面对面的**磋商**，而是通过函电往来洽谈交易的各种细节，最后达成协议准备签署合同的时候，也没有采用传统的纸本合同，而是通过电子商务的方式进行签约。具体的过程是：A 厂家拿到 B 公司提供的用户名和密码，在 B 公司的官方网站上登录后填写货物名称、金额，并勾选交易方式、交易条款等信息，然后点击"提交"形成合同文本，B 公司收到提交的信息后进行确认，双方再分别提交电子签名，最后形成具有法律效力的合同。这种交易方式比起传统的纸本合同签约要简单、快捷得多，节约了双方的时间和经费，A 厂家感到十分满意。

按照操作步骤在网站上提交了订单并收到了 B 公司的确认后，A 厂家开始进行生产备货和装运，一切都进行得非常顺利，B 公司也确认**如期**收到了所有的货物。但到了合同约定的应付款日期时，A 厂家却惊奇地发现，B 公司仅支付了部分货款，还拖欠了大约一半的货款没有支付。B 公司作为一家实力雄厚的知名企业，居然拖欠货款，这种情况大大出乎 A 厂家的预料。A 厂家于是马上联系 B 公司，追讨剩余的应收账款。

B 公司的反馈很快就回来了，他们对于债务金额并无**异议**，但拒绝就剩余欠款金额进行支付。B 公司称，双方贸易合同中约定了"剩货保退条款"（Sale or Return Clause），即 B 公司仅对已经卖出的货物承担对 A 厂家的付款**义务**，对于 B 公司未能卖出的货物，他们有权将相关货物退回 A 厂家，并不需再支付退回货物部分的货款。由于当年冬季美国北部地区并未发生持续大雪天气，因此除雪铲销量比预期的要差很多。B 公司所欠的货款，就是还没有销售出去的那部分货物的。B 公司要求执行"剩货保退条款"，将未销售出去的货物退运回 A 厂家。

这样的消息对于 A 厂家简直是**晴天霹雳**，因为 A 厂家此次生产的货物属于定制产品，只能安装在特定的车型上使用。一旦货物遭到退运，A 厂家所面临的情形无异于抱着一堆废铁，损失将会非常惨重。

雪上加霜的事情还在后面，B 公司又特别指出，在他们同 A 厂家订立的合同中，还有一条"付款保留条款"（Payment Reservation Clause）。按照这个条款规定，B 公司已经销售出去的产品，一旦发生消费者退货的情况，B 公司仍然有权向 A 厂家要回已经支付的货款。

这两条的条款让 A 厂家处于非常不利的局面中，A 厂家发现自己已经深陷"剩货保退条款"和"付款保留条款"两个合同陷阱中。不过现在**木已成舟**，A 厂家也只能**吃哑巴亏**了。

那么，上述两个条款究竟是通过什么方式进入贸易合同中的？有多年外贸经验的 A 厂家又是怎么会犯这种低级错误的呢？据事后回顾，A 厂家的业务人员在 B 公司官方网站通过电子商务形式填写和勾选合同条款内容时，上述两个非常**隐蔽**的

"陷阱"条款被 B 公司网站默认为勾选的状态。A 厂家在阅读合同条款时有些**大意**，一来他们认为 B 公司作为一家规模很大的企业，应该不会欺骗客户；二来面对着复杂的英文法律和贸易术语，A 厂家的业务人员阅读起来也**着实**有些困难。因此最后在并没有对合同条款逐条进行认真审核的情况下，A 厂家就点击了"提交"按钮，殊不知从点击的那一刻起，自己就陷入了极为被动的局面。

[根据吴磊《电子商务贸易合同有"门道"》（《中国外汇》2016 年第 18 期）改写]

生词

1. **领域**：方面、范围。

政治领域　经济领域　文化领域

2. **诸多**：很多、非常多。

诸多问题　诸多困难　诸多不安全因素

3. **深受其害**：深深地受到某事或某人的伤害。

这家工厂造成了非常严重的环境污染，附近居民深受其害。

4. **定制**：专门为某人或某事制作（的产品）。

房间里所有的家具都是定制的，所以无论是尺寸还是颜色都非常合适。

5. **磋（cuō）商**：反复商议、仔细讨论。

经过长时间磋商，双方终于对合同细节达成了一致。

6. **如期**：按照规定的期限。

如期完成　如期到达　如期归还

7. **异议**：不同的意见。

对这件事情大家都没有异议。

8. **义务**：法律（或者道德上）规定应该承担的责任。

我们有义务帮助学习比较困难的同学。

9. **晴天霹雳（pī）**："霹雳"指很响的雷声。晴天霹雳比喻突然发生的意外事件。

这个消息就像晴天霹雳，让小明一下子呆住了。

10. **雪上加霜**：比喻在一次灾祸以后，接连又遭受新的灾祸，情况变得更加严重。

他刚丢了工作，父亲又生了重病，真是雪上加霜。

11. **木已成舟**：比喻事情已经发生了，不可能改变。

他已经辞职了，木已成舟，你现在后悔也没有用。

12. **吃哑巴亏**：吃了亏却没有办法讲道理，或者不敢说。

虽然他觉得自己有理，但合同条款对自己不利，他也只能吃哑巴亏了。

13. **隐蔽**（bì）：被别的事物挡住，不易被发现。

地形隐蔽　手法隐蔽

14. **大意**：不小心、不注意。

他太大意了，连这么明显的错误都没发现。

15. **着**（zhuó）**实**：确实、的确。

这孩子着实让人喜欢。

这着实是个好机会，千万不要错过。

重要句型

1. 河北的一家机械生产厂家Ａ通过中间商的介绍，**拟**同美国一家大型贸易公司Ｂ达成一笔6万美元的交易。

拟……：表示"计划、准备做……"，是一种比较书面的表达方式。

（1）Ａ公司总经理拟于下个月15日开始访问海外地区。

（2）这所大学下学期拟招收1 000名留学生。

2. 一旦货物遭到退运，Ａ厂家所面临的情形**无异于**抱着一堆废铁。

无异于：意思是"跟……没有区别"，常用来表示两种情况差不多是一样的。

（1）浪费时间无异于慢性自杀。

（2）这样的消息对于Ａ厂家来说，无异于晴天霹雳。

3. **一来**他们认为Ｂ公司作为一家规模很大的企业，应该不会欺骗客户，**二来**面对着复杂的英文法律和贸易术语，Ａ厂家的业务人员阅读起来也着实有些困难。

一来……二来……："来"放在数词后面，用来列举理由、目的等。

（1）老人都希望能跟儿女们住在一起，一来能帮他们做点家务，二来自己也能得到照顾。

（2）我这次来中国，一来学习汉语，二来了解一下中国国情，三来也找一找有没有生意上的机会。

4. **殊不知**从点击的那一刻起，自己就陷入了极为被动的局面。

殊不知……：意思是"竟然不知道"，主要有两种用法：

（1）引述别人的意见，并且指出错误。

有人以为喝酒可以让身体温暖，殊不知酒力一过，身体会觉得更冷。

（2）改正自己原先的想法。

我以为他还在北京，殊不知上星期他就走了。

综合练习

一、根据课文内容，选择正确答案。

1. 关于两家公司，下面不正确的是（　　　　）

A. 两家公司是第一次进行交易。

B. B 公司实力很强。

C. A 厂家希望和 B 公司长期合作。

D. 双方交易金额很大。

2. 关于通过电子商务方式签署合同，下面哪项是不正确的？（　　　　）

A. 电子合同需要在双方的网站上签署。

B. 电子合同签约比传统方式方便、快捷。

C. 电子合同签约能比传统方式节约时间和经费。

D. A 厂家对电子合同签约的方式感到十分满意。

3. 下面哪一项不符合双方合同里的规定？（　　　　）

A. B 公司应该如期支付已经卖出的货物款项。

B. B 公司可以退还未能销售出去的产品给 A 厂家。

C. A 厂家应该如期将规定的货物运送到 B 公司指定的地点。

D. 如果已经销售出去的产品发生顾客退货，与 A 厂家无关。

4. A 厂家没有仔细审核合同条款，原因不包括（　　　　）

A. 时间比较紧张。

B. 信任 B 公司。

C. 英文不太好。

D. 有些大意。

二、根据意思写出课文中对应的词语。

1. 深深地受到某事或某人的伤害。　　　　　　　　（　　　　　）
2. 比喻事情已经确定了，不可能改变。　　　　　　（　　　　　）
3. 看起来好像……（实际上却不是这样）　　　　　（　　　　　）
4. 不同的意见。　　　　　　　　　　　　　　　　（　　　　　）
5. 反复商议、仔细讨论。　　　　　　　　　　　　（　　　　　）
6. 跟对方商量解决有关的问题。　　　　　　　　　（　　　　　）
7. 比喻突然发生的意外事件。　　　　　　　　　　（　　　　　）
8. 按照规定的期限。　　　　　　　　　　　　　　（　　　　　）
9. 被别的事物挡住，不易被发现。　　　　　　　　（　　　　　）
10. 比喻在一次灾祸以后，接连又遭受新的灾祸，情况变得更加严重。

　　　　　　　　　　　　　　　　　　　　　　　（　　　　　）

三、选词填空。

　　就绪　警惕　看跌　无异于　着实　大意　如期　诸多　殊不知　异议

1. 小明终于和小红喜结连理，家人和朋友都_____为他们高兴。
2. 他信心满满，觉得自己这次肯定能被录用，_____那个公司已经找到了更合适的人选。
3. 在这么大的城市里找一个人，_____大海捞针。
4. 这个计划看起来非常完美，大家都没有提出_____。
5. 大家要注意抓紧时间，一定要_____完成论文，否则会影响毕业。
6. 虽然还有_____困难，但这件事情既然已经开始了，就不能再停下来。
7. 过马路时一定要保持_____，因为经常有一些不守规则的电动车可能会突然冲过来。
8. 这个机会其实并不算太好，但守门员太_____了，结果被对方把球轻松打进球门。
9. 下周市长将要来我们学校访问，准备工作已经全部安排_____。
10. 由于产量大大增加，对于今年西瓜市场的价格，大部分人都_____。

四、造句。

1. 拟……

_____

_____

2. 无异于

_____

_____

3. 一来……二来……

_____

_____

4. 殊不知……

_____

_____

五、根据课文内容填空。

电子商务快捷、方便，已经逐渐成为国际贸易的一种_____。不过，这种新型的贸易方式也存在_____问题，特别是对一些不熟悉电子商务的传统企业来说，甚至会让其_____。

A厂家_____美国一家大型贸易公司B公司进行一笔6万美元的交易，向他们出口定制的除雪铲。双方在_____过程中，并未像传统国际贸易一样进行面对面的_____，而是通过函电进行商讨。最后达成协议时，也没有采用传统的纸本合同，而是通过电子商务的方式进行签约。不过A厂家在这个时候有些_____，没有对合同条款逐条进行认真审核。这_____是因为他们比较信任B公司，_____业务人员英语水平也不够，阅读复杂的英文法律和贸易术语_____有些困难，最后匆忙就点击了"提交"按钮，完成了网上签约。

A厂家完成签约后，立即开始组织生产，并且_____把货物送到了B公司指定的地方。一切看起来都非常顺利，_____麻烦才刚刚开始。由于当年美国天气不够寒冷，定制的除雪铲出现了滞销。B公司根据双方签署的电子合同中"剩货保退条款"和"付款保留条款"这两条对中国工厂非常不利的条款，拒绝支付全额货款。这个消息对A厂家来说简直是_____，他们这时候才发现，原来在电子合同中还有这么_____的不利条款。但这个时候_____，他们虽然觉得很后悔，也只能_____了。

六、成段表达练习。

前面的课文讲了两个在签订合同时考虑不周全，结果带来严重问题的故事。请根据课文的内容，谈一谈你觉得在签署合同时，有哪些方面是需要特别注意的？要怎样才能避免课文里的问题发生？把你的想法写下来，字数要求：300～400字。

补充阅读

中国古代的"契约"与"合同"

"合同"这个词现在大家都已经非常熟悉了。不过在中国古代，人们更多的时候是用另外一个词来表示"合同"这个词所表达的意思：契约。

"契"的本意是在木板上刻画，"约"的本意是缠绕，"契约"这个词反映了古人"刻木记事"和"结绳记事"的历史。那时候的人们在对某个问题达成协议之后，会用一片刻有印痕的竹木片或一个绳结作为信物，提醒对方履行义务，这就是古代的"契约"。后来，签约双方开始在一片竹木片上刻画特定的记号，再将竹木片一分为二，双方各执一片，当两片竹木片合在一起时，就会重现当初刻画的完整记号，一方就应该履行约定的义务，这就是"契卷"。到了后来，竹木契卷已不仅仅是刻着记号的信物，人们在上面书写协议的内容，用文字记载双方具体的权利和义务，这种形式被称为"书契"。

在纸张出现和普及之后，人们开始改用纸张来书写交易的具体内容。但一式两份的契约文书，仍然保留了过去在竹木片上刻画记号的习惯。人们把两张契纸并拢，骑缝上画上几道记号，或在骑缝上写上"合同大吉"，用来在需要使用时证明确实是原件。这种一式两份的契约文书也因此常被叫作"合同"。到了唐宋时，法律规定凡契约必须为"合同契"，一式两份，骑缝做好记号，双方当事人各保留一份，称为"合同文书"或"合同文字"，简称"合同"。此后很长一段时间，"契约"与"合同"两个词在经济活动中并用。到了近现代，"合同"才慢慢取代了"契约"，成为正式的法律用语。

[根据郭建《"合同"的来历》（《山西市场导报》2017 年 7 月 6 日）改写]

请回答下列问题。

1. 什么是"契约"？在历史上"契约"这个词经历了什么样的发展与变化？

_____

_____

2. "合同"这个词是怎么出现的？它跟"契约"的关系是什么？

_____

_____

3. "合同"这个词是什么时候成为正式法律用语的？

_____

_____

商务知识

合同的基本要素有哪些

根据《中华人民共和国民法典》第三编"合同"的规定，合同一般应该包括以下八个方面的条款：

（一）当事人的名称或者姓名和住所；

（二）标的（dì）；

（三）数量；

（四）质量；

（五）价款或者报酬；

（六）履行期限、地点和方式；

（七）违约责任；

（八）解决争议的方法。

"当事人的名称或者姓名和住所"这一条，主要是为了明确合同的签约双方的身份，同时也是为了对合同双方的履约能力进行审查，确认具备签约资格。

"标的"是指合同所涉及的主体，换言之就是为了什么而签合同。合同的标的可以是具体的物品，例如货物、不动产等，也可以是提供的劳务，例如某人与公司签订的工作合同，就会明确约定需要完成的任务具体是哪些。

"数量""质量""价款或者报酬""履行期限、地点和方式"是合同的核心内容，需要经过合同签约双方的反复磋商来确定。这些条款在制定时，有很多细节需要注意，例如涉及数量时，应当注意单位的标准性和一致性，是使用公制单位还是英制单位，是指毛重还是净重等，都需要一一协商后明确落实到文本中。如果需要用到"箱、桶、袋、包"等非标准单位时，还需要明确每箱、每桶……的规格究竟是多少，以免日后产生纠纷。此外，合同的这一部分还需要注意遵守有关法律法规。例如，某公司的劳动合同中如果给员工的月薪低于国家规定的最低收入标准，那么这样的合同就是无效的。

"违约责任"是指合同当事人因违反合同约定的义务而应该承担的法律后果。违约责任条款在合同中居于非常重要的地位，是对合同签约双方的法律保障和有力约束。没有违约责任的合同就像没有子弹的枪，没有任何威慑力，所以在制定合同的违约责任条款时，必须考虑周全、约定具体。

"解决争议的方法"规定了一旦发生合同争议时的解决方法，一般来说，当事人可以通过和解或者调解解决合同争议，也可以根据合同中约定的仲裁协议向仲裁机构申请仲裁。如果合同中没有订立仲裁协议或者仲裁协议是无效的，可以向法院提起诉讼，由法院作出最终裁决。

上面提到的是商业合同通常会包括的八个方面的条款，当然，在实际操作中，签约双方也往往会根据实际情况，在合同中增加各类补充条款，进一步细化双方的权利和义务，以保障合同的顺利执行。

（根据《中华人民共和国民法典》第三编"合同"的有关条款编写）

请回答下列问题。

1. 根据《中华人民共和国民法典》第三编"合同"的规定，合同的基本条款有哪些？

_____

_____

2. 合同的这些基本条款其主要内容和作用分别是什么？

_____

_____

**商务
实践**

写合同

活动内容：

1. 教师事先准备好若干个行业的抽签条，将学生分为 3～5 人一组，通过抽签分别选定某一行业，建立模拟公司。每个行业内都有两个公司（如有两个公司从事服装行业、两个公司从事机械行业、两个公司从事食品行业等）。

2. 对口"公司"直接进行接触，洽谈业务合作，具体业务内容可以由双方自由商定。

3. 双方商定业务合作具体内容后，就可以开始对合同的条款进行磋商，最后共同写一份符合规范的合同并进行模拟签约。

4. 合同完成后，学生在班级上进行公开展示及讨论，共同寻找合同可能存在的问题和陷阱。

要求：合同应该包括"商务知识"部分提到的八个方面的基本条款。

6

第六课　支付方式

课前讨论

1. 你在中国买东西一般怎么支付？
2. 比较一下你的国家和中国的支付方式的异同。
3. 你知道企业间支付一般用什么方式吗？

学习目标

1. 了解企业支付的基本方式。
2. 学习企业支付常用词汇。
3. 了解国际贸易中信用证支付具体内容，掌握并熟悉企业间付款操作。

商务故事

提前发货为何被银行拒付

　　某进出口公司收到国外信用证一份，规定：最后装船日为 2004 年 6 月 15 日，信用证有效期为 2004 年 6 月 30 日，交单期：提单日期后 15 天但必须在信用证的有效期之内。后因为货源充足，该公司将货物提前**储运**，开船日期为 2004 年 5 月 29 日。6 月 18 日，该公司将准备好的全套单证送银行**议付**时，遭到银行的拒绝。

　　银行为什么会拒绝议付呢？该进出口公司将**面临**怎样的**风险**呢？

　　（1）银行拒绝议付的理由是：信用证已经**逾期**。虽然此信用证的有效期是 6 月 30 日，但是信用证的交单期是提单日期之后 15 天且在有效期之内。现在该公司于 5 月 29 日将货物出运，就必须在 6 月 13 日之前将全套单证送交银行议付，否则就是与信用证不符。有了不符点，银行当然拒绝议付。

　　（2）因为时间不可能倒转，不符点已无法改变，该进出口公司只能一方面电告进口商此不符点，希望进口商理解并付款**赎单**；另一方面告知银行**担保**议付。该进出口公司的风险是：原来的银行信用由于单证操作失误而降低成了商业信用，万一国际市场**风云突变**，客户可能不付款或少付款。

生词

1. 储（chǔ）运：储存运输。

货物储运

2. 议付：指信用证指定的议付银行在单证相符条件下，扣除议付利息后向受益人给付对价的行为。

议付行

3. 面临：面对（问题、形势等）。

面临巨大的困难

4. 风险：可能发生的危险和灾祸，在经济活动中特指投资或利润可能收不回来。

做生意难免要承担风险。

5. 逾（yú）期：超过规定的日期。

逾期三天　逾期未归

6. 赎（shú）单：拿着钱把抵押的物品取回，外贸上常用。

赎单付款

7. 担保：保证不出问题或一定办到；为防止债务人不还钱时，用来赔偿债权人所受损害的方法。

在银行贷款，如果没有抵押，就必须有人担保。

8. 风云突变：成语，指局势突然发生了巨大变化。

现在的金融市场真是风云突变。

思考

1. 进出口公司提前发货为何被银行拒绝议付？
2. 进出口公司将面临怎样的风险？

核心课文

信用证支付案例

一、案例简介

2018 年 3 月，中国某企业通过展会认识了一位国外客户，并签订了出口手工艺品的订单，支付方式为 FOB 某港加即期信用证。第一笔**业务**十分顺利，公司发货后寄单很快就收到了货款；第二个月客户追加订单，交易条件不变。卖方按时发货后，向当地银行提交了信用证规定的**单据**，当地银行审单后也向该国开证行寄单**索偿**。但到预计付款**期限**企业却没有收到开证行的**偿付**，银行没有接到**拒付**或不符点的通知，客户说已经付款，但当地银行一直没有收到款项，向开证行查询，开证行迟迟没有答复。因为公司与该客户只是第二次合作，并不是非常了解其**资信**。此时，已经到了开证行收到单据后一周左右。

二、案例分析

在本案例中，开证行并没有明确拒付，也没有指出单据中存在不符点，按照国际商会《跟单信用证统一惯例》（UCP500）规定，必须在收到单据**次日**起五个工作日内审核单据，决定单证一致付款或者单证不符合拒付，期限一过，就意味着开证行失去了拒付的权利。所以，公司继续请当地的寄单行向开证行施加压力索偿；同时，出口公司也继续向客户联系催要货款。

另外，公司联系了船公司，查找货物下落。如果提单仍然在开证行手中保管，出口公司可以将货物销售给其他客户，凭背书提单提取货物；如果货物还没到港，则争取船公司先不要放货，防止出现货款两空的情况发生；假如货物已经被提走则说明进口商已经取得正本单据，要**追究**开证行的责任同时要求开证行履行付款义务。

三、最终结果

在出口公司和当地银行双方共同努力下，过了预计收款日期十天后出口公司终于收回了全部货款。其后了解原因，是开证申请人资金**周转**遇到了问题，因此没能按时到开证行付款赎单提取货物，借故一**直拖延**，幸好市场**行情**没有大的变化。通过本案例，可以认识到公司信用证业务中单据的重要性和信用证的银行信用对出口方的安全保证的重要作用。

四、信用证付款方式介绍

本案例货款最终能否收回取决于信用证的特点以及开证行（买方）和受益人（卖方）的权利与义务。

根据国际商会《跟单信用证统一惯例》（UCP500）解释，信用证有三个特点：

第一，信用证是一个**自足**的文件，开证银行不依赖国际货物买卖合同，基础合同对信用证并不具备**约束力**，银行开立信用证就是以银行信用代替商业信用，使买卖双方放下**戒心**，促进国际贸易的成交。

第二，信用证是单据交易，是凭单据支付的，不检查货物是否符合合同要求，只要卖方提交的单据符合信用证要求，就可得到偿付。

第三，信用证是一种银行信用，它是开证行以银行的名义独立地向卖方提供的一份付款保证书，只要卖方提交的单据合格，开证行就要承担首要付款责任。

信用证业务中，开证行的义务、权利规定是明确的。其义务包括：

第一，开证行有义务严格按照开证申请人在开证申请书里的指示来开信用证；

第二，开证行有付款的义务；

第三，开证行有义务**妥善**保管单据。

其权利主要有：

第一，开证行有权利审核单据；

第二，开证行有权利获得偿付。

相应地，受益人（卖方）的权利和义务也是统一的。其权利主要包括：

第一，受益人有审核信用证和要求修改信用证的权利。如信用证存在与合同**条款**不符或无法实现的条款时，受益人有权要求开证申请人也就是买方按照合同对信用证进行修改。

第二，受益人有凭信用证规定的单据要求开证行付款的权利。受益人要按照信用证的规定准备好单据，有权凭单据要求开证行或指定银行**兑付**单据。

受益人（卖方）的义务主要是：

第一，受益人有按信用证规定交货的义务；

第二，受益人有向开证行提供合格单据的义务。

（根据宁夏晟晏实业集团有限公司官方网站于2020年4月16日发表的《国际信用证典型案例分析二》改写）

专有名词

1. **即期信用证**（Sight Credit）：指开证行或付款行收到符合信用证条款的汇票和单据后，立即付款的信用证。国际贸易中使用的大部分是即期信用证。

2. **开证行**（Opening Bank／Issuing Bank／Establishing Bank）：指接受开证人申请，开立信用证的银行，一般是进口地的银行。

3. **国际商会**（International Chamber of Commerce，ICC）：是国际民间经济组织。它是由世界上一百多个国家参加的经济联合会，包括商会、工业、商业、银行、交通、运输等行业协会。它于 1920 年 6 月在法国巴黎成立，总部设在巴黎，其制定的用以规范国际商会合作的规章被广泛地应用于国际贸易中，并成为国际贸易不可缺少的一部分。

4. **《跟单信用证统一惯例》**（UCP500）：是国际商会制定的、旨在统一各国对跟单信用证条款的解释而供银行界自愿采用的条例，不具有普通的法律约束力，但它已被许多国家和地区的银行界采用，在国际上具有很大的影响。

5. **背书**：指持票人为将票据权利转让给他人或者将一定的票据权利给他人使用，而在票据背面或者粘单上记下有关事项并签名盖章的行为。背书按照目的不同分为转让背书和非转让背书。

生词

1. **业务**：个人的或某个机构的专业工作。

业务能力　业务范围　发展业务

2. **单据**（jù）：收付款项或货物的凭据，如发票、收据、发货单等。

这些单据非常重要，一定要好好保管。

3. **索偿**（suǒcháng）：索取赔偿，本文指索取货款。

请根据保险合同向保险公司索偿。

4. **期限**（xiàn）：限定的一段时间，也指所限定时间的最后。

期限三个月　期限很短

5. **偿**（cháng）**付**：偿还付款。

偿付债务　如期偿付

6. **拒**（jù）**付**：拒绝付款，银行拒绝票据持有人提款或转账。

遭到拒付　全额拒付　拒付失败

7. **资信**（zīxìn）：资产和信誉。

资信良好　资信评估

8. 次日：第二天，任何特指的或不讲自明的一天后的那一天，也叫"翌（yì）日"。

次日出发

9. 追究（zhuījiū）：追问（根源理由）；追查（原因、责任等）。

追究责任　不再追究

10. 周转：资金投入生产再经过销售产品而收回；也指钱财进出或物品轮流使用。

资金周转　周转不开

11. 拖延（tuōyán）：把时间延长，不迅速办理。

当天的作业要当天完成，不能拖延。

12. 行情（hángqíng）：市价，也指金融市场上利率或汇兑的一般情况，也指情况、形势等。

市场行情　熟悉行情

13. 自足：自己可以满足自己的需要，自己觉得满意。

自给（jǐ）自足

14. 约束（yuēshù）力：指对自己或他人的控制能力。

法律约束力　自我约束力

15. 戒（jiè）心：戒备、警惕（自我保护）的心理。

警察采用欲擒故纵的方法，让小偷放下戒心后，终于将他们全部抓获。

16. 妥善（tuǒshàn）：妥当完善，指又合适又好。

事情处理得非常妥善，大家都很满意。

17. 条款（kuǎn）：法规、条约、章程等文件上的项目。

合同条款　法律条款

18. 兑（duì）付：指以票据为凭证支付现金。

基金兑付　理财兑付

重要句型

1. 期限一过，就**意味着**开证行失去了拒付的权利。

……意味着……：表示某种含义；含有某种意义。

（1）生产率的提高意味着劳动力的节省。

（2）努力可能失败，但放弃则意味着永远不可能成功。

2. 如果提单仍然在开证行手中保管，出口公司可以将货物销售给其他客户，**凭**背书提单提取货物。

71

凭……：依靠、依赖、根据……

（1）我们要努力工作，凭能力致富。

（2）请大家排好队，凭票入场。

3. 本案例货款最终能否收回**取决于**信用证的特点以及开证行（买方）和受益人（卖方）的权利与义务。

……取决于……：……由（某人/某方面/某种情况）决定。

（1）考试是否通过，取决于你的努力。

（2）幸福是一种感觉，它不取决于人们的生活状态，而取决于人的心态。

4. 信用证是一种银行信用，它是开证行**以**银行**的名义**独立地向卖方提供的一份付款保证书。

以……的名义：用……称号，以……身份做某事。"名义"是指做事时用来作为依据的名称或称号，"以……名义"是固定搭配。

（1）我们以学校的名义向上级反映情况。

（2）这次是免费培训，不得以任何名义收取任何费用。

综合练习

一、根据课文内容，选择正确答案。

1. "因为公司与该客户只是第二次合作，并不是非常了解其资信。"结合上下文，从这句话可以看出什么（　　　　）

A. 公司希望与该客户进行第三次合作。

B. 公司想去了解该客户的资信。

C. 公司非常信任该客户。

D. 公司对这次合作有点担心。

2. 根据信用证的特点，以下哪个不正确？（　　　　）

A. 信用证不受基础合同内容的约束。

B. 只要卖方提供的单据齐全，符合要求，开证行就应该根据信用证付款。

C. 除了单据符合要求，还需要货物没问题，开证行才会付款。

D. 信用证是以银行的名义向卖方提供的付款保证书。

3. 根据开证行的权利和义务，以下哪个正确？（　　　　）

A. 开证行只需要收取单据，不需要审核单据。

B. 开证行只需要审核单据，不需要保存单据。

C. 开证行有付款的义务。

D. 开证行只需要根据本银行的规定开具信用证，可以不接受开证申请人的要求。

4. 根据受益人的权利和义务，以下哪个正确？（　　　　）

A. 受益人有权要求修改或者撤销信用证。

B. 受益人有权凭单据要求开证行付款。

C. 受益人可以先提供部分单据，收齐货款后，再提供全部单据。

D. 受益人交货日期可以在规定日期的前后五天内。

二、根据意思写出课文中对应的词语。

1. 收付款项或货物的凭据，如发票、收据、发货单等。　　（　　　　　　）

2. 第二天。　　（　　　　　　）

3. 指以票据为凭证支付现金。　　（　　　　　　）

4. 指对自己或他人的控制能力。　　（　　　　　　）

5. 索取赔偿。　　（　　　　　　）

6. 资产和信誉。　　（　　　　　　）

7. 偿还付款。　　（　　　　　　）

8. 拒绝付款，银行拒绝票据持有人提款或转账。　　（　　　　　　）

9. 自己可以满足自己的需要，自己觉得满意。　　（　　　　　　）

10. 市价，也指金融市场上利率或汇兑的一般情况，也指情况、形势等。　　（　　　　　　）

三、选词填空。

业务　期限　行情　戒心　妥善　条款　追究　周转　拖延　约束力

1. 秘密文件要由专人＿＿＿＿＿＿保管。

2. 对陌生人要保持＿＿＿＿＿＿，不能轻信。

3. 股票＿＿＿＿＿＿瞬息万变，并不是每个人都能赚到钱。

4. 爱情有吸引力，婚姻有＿＿＿＿＿＿。

5. 由于对方的一再＿＿＿＿＿＿，工程迟迟不能完工。

6. 每个专业技术人员都应该精通自己的＿＿＿＿＿＿。

7. 交货＿＿＿＿＿＿快到了，工人们正抓紧生产产品。

8. 她三番五次地违反合同_____。

9. 这家公司由于长期资金_____不开，面临倒闭的风险。

10. 生产中出了事故，要_____领导者的责任。

四、造句。

1. ……意味着……

_____

_____

2. 凭……

_____

_____

3. ……取决于……

_____

_____

4. 以……的名义

_____

_____

五、根据课文内容填空。

2018 年 3 月，中国某企业通过展会认识了一位国外客户，并签订了出口手工艺品的订单，支付方式为 FOB 某港加_____。第一笔_____十分顺利，公司发货后寄单很快就收到了货款；第二个月客户追加订单，交易条件不变。卖方按时发货后，向当地银行提交了信用证规定的_____，当地银行审单后也向该国_____寄单_____。但到预计付款_____企业却没有收到开证行的_____，银行没有接到_____或不符点的通知，客户说已经付款，但当地银行一直没有收到款项，向开证行查询，开证行迟迟没有答复。因为公司与该客户只是第二次合作，并不是非常了解其_____，此时，已经到了开证行收到单据后一周左右。

六、成段表达练习。

前面介绍了两个信用证付款案例，请根据上学期和本学期所学的内容，结合自身或者周围亲戚朋友的外贸经历，分析一下信用证支付的利弊，请举例说明。字数要求：300 字左右。

补充阅读

国际贸易中的三大常用支付方式

国际贸易的主要付款方式分为三种：信用证（Letter of Credit，L/C）、电汇（Telegraphic Transfer，T/T）、付款交单（Document against Payment，D/P）。其中，信用证使用最多，电汇其次，付款交单较少。

一、信用证

信用证是目前国际贸易中最常用的一种付款方式，是一种银行开立的有条件的承诺付款的书面文件。只需要按照信用证的条款一一完成，并提供相应的单据，银行就必须把钱付给你。所以信用证从理论上来说是非常保险的付款方式。信用证一旦开具，它就是真金白银。一份可靠的信用证甚至可以作为担保物，去银行贷款，为卖方资金周转提供便利。但是实际操作中，信用证有时候也不太保险，因为信用证中可能存在很难做到的软条款，造成人为的不符点等。

二、电汇

电汇操作非常简单，一般分为前 T/T 和后 T/T。

前 T/T 流程为：

签订合同—付一部分订金（通常为30%）—生产完毕—通知付款—付清余款—发货—交付全套单证。前 T/T 一般比较少见。

最为多见的是后 T/T，具体流程为：

收到订金—安排生产—出货—客户收到单证复印件—付余款—卖家收到余款—寄送全套单证。

T/T 订金的比率，是谈判和签订合同的重要内容。订金的比率最低应该是足够卖方把货发出去和运回来，万一客户拒付，也不至于损失太大。T/T 与 L/C 相比，操作更简单，灵活性更大，如交货期紧、更改包装等问题，只要双方同意，就没什么关系。T/T 的另一个特点是成本比 L/C 更低。银行手续费扣费较少，一般只需几十美金，而信用证有时会多达几百美金。

三、付款交单

付款交单是跟单托收方式下的一种交付单据的办法，指出口方的交单是以进口方的付款为条件，即进口方付款后才能向代收银行领取单据。分为即期交单（D/P at Sight）和远期交单（D/P after Sight or after Date）。

即期交单指出口方开具即期汇票，由代收行向进口方提示，进口方见票后须立即付款，货款付清时，进口方取得货运单据。

远期交单指出口方开具远期汇票，由代收行向进口方提示，经进口方承兑后，在汇票到期日或汇票到期日以前，进口方付款赎单。

商务知识

信用证的主要内容及运作程序

信用证（L/C）是开证银行根据开证申请人的申请签发的，在满足信用证要求的条件下，凭信用证规定的单据向受益人付款的一项书面凭证。

一、信用证的主要内容

（1）信用证的种类、编号、开证时间和地点等。

（2）信用证当事人。包括开证申请人、开证银行、受益人、通知行、议付行、偿付行等。

（3）支付条款。包括信用证支付货币币种和金额，该金额是开证行付款的最高限额。

（4）货物条款。包括对货物的名称、规格、数量、包装、价格等方面的记载和说明。

（5）单据条款。主要规定需要提交的单据类型和份数，通常包括商业发票、运输单据、保险单据、装箱单、原产地证、检验证书等。

（6）装运条款。主要规定装运港、装运日期及地点、卸货港、运输时间、是否分批装运等。

（7）特殊条款。信用证可对每笔交易的不同需求，作出特殊的规定。

二、信用证的一般运作程序

（1）买卖双方在进出口贸易合同中规定采用信用证方式支付。

（2）买方向银行申请开证，并向银行交押金或提供其他保证。

（3）开证行根据申请书的内容，开出以卖方为受益人的信用证，并寄交卖方所在地通支行。

（4）通支行核对无误后，将信用证交给卖方。

（5）卖方审核信用证与合同相符后，按信用证规定装运货物，并备齐各项货运单据，开出汇票，在信用证有效期内，送请当地银行（议付行）议付，议付行按信用证条款审核无误后，按照汇票金额扣除利息，把货款垫付给卖方。

（6）议付行议付后将汇票和货运单据寄开证行要求索偿。

（7）开证行或其指定的付款银行核对单据无误后，付款给议付行。

（8）开证行通知买方付款赎单。

（根据百度百科"信用证业务"条目改写）

请回答下列问题。

1. 你觉得信用证的主要内容中，哪个部分最容易出现问题？

_____

_____

2. 请介绍一下信用证支付的流程。

_____

_____

了解企业支付方式

商务实践

活动内容：将学生分为 2～3 人一组，收集了解企业常用付款方式，选择其中的一种进行详细介绍。

活动流程：

1. 分组收集企业常用付款方式并确定本组的介绍内容。注意小组之间的介绍内容不能重复。

2. 通过 PPT、Word 等详细介绍该企业支付方式，如内容、流程、注意事项等，可举例说明。

3. 全班讨论分析各支付方式的优缺点等，结合自身经验，探讨各支付方式在企业活动中的适用情形，以及企业交往中是否需要开发新型支付方式等问题。

7 第七课 企业融资

课前讨论

1. 什么是融资？融资的目的是什么？
2. 常见的企业融资方式主要有哪些？
3. 不同的融资方式各有什么优缺点？

学习目标

1. 了解常见的企业融资方式及其特点。
2. 了解融资时需要注意的问题。
3. 尝试使用学到的融资知识进行模拟实践。

商务故事

债台高筑

周朝是中国历史上存在时间最久的朝代，前后共存 800 多年。但是周朝后期，各个**诸侯**国逐渐成了历史舞台上的主角。周**天子**的实际权力越来越小，能控制的土地就只有几座城市，完全不能跟那些大诸侯国相比。不过天子的地位还是很高的，各个诸侯国如果要做点什么大事，还经常需要借用天子的名义，这样才能**名正言顺**。

周赧（nǎn）王做天子的时候，秦国和楚国是当时最大的两个诸侯国。楚国的国王准备进攻秦国，有人给他出了个主意，说如果能请周天子也参加，这次战争就能获得更多人的支持。于是楚王派人给周赧王送去一封信，请天子出兵支持。这些年周赧王的地盘被秦国抢占了不少，因为实力不足，一直是**敢怒不敢言**。听说楚王要出头打秦国，周赧王心里很高兴，马上就回复同意出兵。

不过，到了出兵的时候，周赧王才感觉到问题很严重。为什么？打仗需要钱啊！

— 78 —

可是周赧王实在凑不出那么多钱来。怎么办呢？周赧王就想到个办法，亲自出面向领地里的商人、地主借钱，告诉他们，这次要是把秦国灭了，把战利品得来，就**连本带利**加倍偿还他们。这一号召还真管用，不少人觉得有天子亲自做担保，这笔投资肯定风险小、利润高，于是纷纷**慷慨解囊**。周赧王的军队很快筹集到了足够的资金，信心十足地开赴前线。

楚王和周天子都信心满满，可是其他答应参加联军的诸侯国却是各有各的想法。有的觉得自己实力不足，去攻打秦国，只会让自己遭受损失；还有的跟秦国关系本来就不错，所以找各种理由**按兵不动**。楚王发现各国都不愿出兵，联军组织不起来，再三考虑后，觉得没有灭掉秦国的**胜算**，干脆自己也不出兵。只有周赧王的兵来了，楚王告诉他们："你们先回去吧，这次准备得不充分，先不打了。"没办法，周赧王只好带着自己的军队两手空空地回家了。

这次出兵虽然没有打仗，可筹集来的钱却花光了。而且因为没打仗，自然就没有战利品，也就没有钱还债。那些借钱给周赧王的债主整天堵着宫门要账，甚至有的还要冲进宫去，他们说："您是天子，说话要算话的，借了我那么多钱，为什么不还？"周赧王吓得跑到后宫去，那里有一个高台，他便躲在上面，不让债主们找到他。后来人们就把这里称作债台，意思是躲债之台。周赧王在这台上躲债，就叫**"债台高筑"**。

"债台高筑"这一成语，直到今天仍然被用来形容欠债很多，无法偿还。

（根据田连元评书《大话成语》"债台高筑"故事改写）

生词

1. **诸侯**：古代帝王分封的各国君主。天子把土地和人民分给王族和贵族，让他们帮助天子管理全国各地。

诸侯国　一方诸侯

2. **天子**：古代中国的最高统治者自称为天的儿子，也就是天子。

周天子　天子脚下

3. **名正言顺**：名义正当，道理也讲得通。让别人觉得你做的事情是对的。

有了天子的同意，诸侯国做起事情来就名正言顺了。

4. **敢怒不敢言**：非常愤怒，却不敢表达出来。

大家对老板的意见非常大，但都是敢怒不敢言。

5. **连本带利**：把本金和利息一起计算。

向银行贷款买房虽然一开始需要的钱不多，但到最后连本带利，实际上要支付的钱比一次性付款买房多多了。

6. **慷慨（kāngkǎi）解囊（náng）**：慷慨：大方；囊：袋子。形容大方地把钱拿出来。

这位企业家为家乡的教育事业慷慨解囊，一次就捐助了300万元。

7. **按兵不动**：让军队暂时停止行动；比喻接受任务后却不行动。

别的班都已经开始准备运动会了，你们班怎么还按兵不动？

8. **胜算**：胜利的把握。

胜算很大　没有胜算

9. **债台高筑**：形容欠债很多，无法偿还。

小明的收入不高，这几年家里人治病又花了很多钱，让他债台高筑。

思考

1. 楚国的国王为什么要邀请周天子一起攻打秦国？周天子的态度怎么样？

2. 周天子遇到了什么问题？他是怎么解决这个问题的？结果怎么样？

3. "债台高筑"的意思是什么？能否用自己的话复述一下"债台高筑"的故事？（参考词语：诸侯国、天子、名正言顺、敢怒不敢言、连本带利、慷慨解囊、按兵不动、胜算）

核心课文

张朝阳的融资故事

张朝阳是最早**涉足**互联网领域的中国企业家之一，他创立的搜狐公司**一度**和新浪、网易、腾讯并称为"中国互联网四大门户网站"，风光无限。不过，回顾他初创时期，张朝阳的融资**之路堪称**坎坷。

1986年，张朝阳从清华大学物理系毕业，随后考取了美国麻省理工学院的研究生，当时他的梦想是要为中国人赢得诺贝尔奖。几年后，张朝阳顺利取得博士学位，并且凭借优异的成绩获得了留校工作的机会。就在人们以为张朝阳将要在物理研究领域**大显身手**的时候，他却做出了一个让老师和同事们**大跌眼镜**的决定，他**毅然**放弃了学校的职位，选择回到中国创业。

原来，张朝阳在学校的实验室里接触到了当时还**鲜为人知**的互联网，并且敏锐地发现了其中蕴藏着的巨大商机。经过考察，张朝阳觉得互联网在中国将会有巨大的发展前景。于是他决定放弃走学术道路，回国创办自己的互联网公司。

张朝阳给自己的新公司起名"爱特信"，显示出特别强烈的自信心。然而创业光有好的设想还远远不够，更需要启动资金。公司账户上的钱很快就花得**一干二净**，张朝阳不得不到处寻找潜在的投资者。不过，当时他只是个**名不见经传**的年轻人，而且人们对中国互联网市场的发展前景也充满疑虑，几乎没有人愿意听他的计划。张朝阳四处碰壁，但他并没有放弃，而是继续抓住一切机会在中美两国宣传他的创业设想。

1996 年 4 月，转机终于出现，经过朋友介绍，张朝阳进入了著名投资专家爱德华·罗伯特的视野，获得了跟他面谈的机会。张朝阳兴冲冲地带着自己的计划书去拜访罗伯特，希望他给自己的公司投资，并且给爱特信定了个 200 万美元的价位。罗伯特看过计划书后，对张朝阳说："你的创业设想很不错，不过你给自己的定价太高了，我只愿意给你投资 5 万美元。而且我一个人给你投这么多钱，风险太大了。除非你能够再说服其他人跟我一起，我才会实际给你投资。"

虽然没有如愿拿到投资，但罗伯特的许诺还是让张朝阳深受鼓舞，于是他加快了寻求融资的速度。在接下来的几个月里，他一直在美国各个城市间奔波，拜见一家又一家投资公司，有一次甚至一天中**马不停蹄**地见了 4 个风险投资人。为了获得对方的认可，一向骄傲的张朝阳不得不**忍气吞声**地向对方说好话、赔笑脸，有时候正好遇到对方在处理其他工作，他在门外一等就是两三个小时。然而从春天一直跑到秋天，张朝阳还是没能找到新的投资者。就在这时，他忽然接到罗伯特打来的电话，老辣的罗伯特在电话那头说："已经 4 个月过去了，你也找不到什么人给你投资，在什么都没有的时候，你给自己定价 200 万美元，是不是太高了？4 月的时候，我说给你投资 5 万美元。现在，算你值 100 万美元，我给你投资 7.5 万美元，你看怎么样？"张朝阳听后既兴奋又心疼，不过此刻他已经**走投无路**，只能接受罗伯特的**苛刻**条件。

经过罗伯特的牵线，张朝阳认识了**大名鼎鼎**的计算机专家尼葛洛庞帝，这位麻省理工学院的教授同时也是一名很有影响力的投资家，在当时的风险投资行业中地位**如日中天**。在与尼葛洛庞帝交谈的 10 分钟里，张朝阳给对方留下了深刻的印象。于是，他帮这位年轻人争取到了去伦敦参加全球互联网高峰会议的机会，并让他在会上给大家讲一讲中国互联网的发展状况。两天后，张朝阳出现在伦敦的会场上，他激情**澎湃**的演讲深深吸引了与会者，这次亮相大获成功。会议结束后，尼葛洛庞帝马上决定投资张朝阳的公司，他和罗伯特一起牵头为爱特信引入了 22 万美元的启动资金，这也是中国公司最早获得的风险融资之一。

　　凭着这笔启动资金，张朝阳的事业开始起飞。1998 年 2 月，爱特信公司正式更名为"搜狐"，并确立了以搜索引擎作为主要的业务发展方向。随后的几年中，搜狐公司又经历了多次融资，发展势头越来越强劲，名气也越来越大。高速成长意味着需要更多的资金，仅靠从投资公司的融资已经不能满足公司发展的需要了。张朝阳开始把目光投向另一个重要的融资场所：证券交易所。经过一番准备，2000 年 7 月，搜狐公司成功在美国纳斯达克（NASDAQ）交易所挂牌上市，<u>一举</u>成为当时最具有国际影响力的中国互联网公司。张朝阳也被美国《时代周刊》评为全球 50 位数字英雄之一。

　　张朝阳长得并不帅气，有朋友曾经跟他开玩笑，戏称"一个男人的才华与其容貌往往是成反比的"。在搜狐发展的过程中，这个貌不惊人的男人用他的才华抓住了一次次融资的机会，让公司得以不断迈上新台阶，最终创造了一个商业帝国。

（根据豆丁网《搜狐发展史上的融资故事》等素材改写）

生词

1. **涉（shè）足**：进入某种环境或领域。
这是这家跨国公司第一次涉足中国市场。

2. **一度**：表示过去发生过；有过一次。
因为身体不好，小明一度休学，不过现在已经完全恢复健康了。

3. **堪（kān）称**：可以称作；称得上。
这场比赛太精彩了，堪称世纪之战。

4. **大显身手**：充分显示自己的本领。
这次汉语演讲比赛，玛丽大显身手，轻松获得第一名。

5. **大跌眼镜**：对出乎意料的事物或者结果感到非常惊讶。
小王的工作业绩一直很好，这次评比竟然排名倒数，真是让人大跌眼镜。

6. **毅然**：一点也不犹豫地做一般人会犹豫的事情。
他毅然放弃了大城市外企的高薪，回到家乡投身于民企发展。

7. **鲜（xiǎn）为人知**：很少有人知道。
这张照片背后，有一个鲜为人知的故事。

8. **一干二净**：形容一点也不剩下。
他早就把这件事情忘记得一干二净了。

9. **名不见经传（zhuàn）**：没有名气。
最后获得比赛冠军的是一个名不见经传的年轻选手。

10. **马不停蹄（tí）**：比喻一刻也不停，一直前进；也比喻不停顿地赶着做事。

他刚从北京出差回来，第二天又马不停蹄地飞去上海出差了。

11. **忍气吞声**：受了气强行忍住，不敢出声。

在外受人欺侮了不要一直忍气吞声，要大胆向他人寻求帮助。

12. **走投无路**：没有路可以走，比喻情况非常困难，找不到解决办法。

他生意失败，走投无路，只好来找我借钱。

13. **苛（kē）刻**：过分严格，要求过高。

对方提出的条件实在太苛刻了，我们只能放弃这次交易。

14. **大名鼎（dǐng）鼎**：形容名气非常大。

他就是大名鼎鼎的畅销书作家。

15. **如日中天**：像中午的太阳一样，比喻事物正发展到非常兴盛的阶段。

事业如日中天　地位如日中天

16. **澎湃（péngpài）**：形容感情像互相撞击的波浪一样，非常强烈。

第一次看到长城，他感觉心潮澎湃。

17. **一举**：一次行动，一下子就……

一举成功　一举通过考试

重要句型

1. 楚国的国王准备进攻秦国，有人给他**出**了个**主意**。

主意：（自己的）意见、看法，常用的句式有：

（1）出主意：给别人提建议。

见到这种情况，有人给他出了个主意，让他去请周老师帮忙。

（2）拿主意：做决定。

这件事情，需要你自己来拿主意。

（3）拿不定主意：很犹豫，不能做出决定。

这两家公司的条件都不错，想来想去，我还是拿不定主意要去哪一家。

2. 经过朋友介绍，张朝阳**进入**了著名投资专家爱德华·罗伯特的**视野**。

进入……的视野：表示"被……注意到"。

（1）凭借在比赛中的出色表现，这名年轻球员进入了国家队教练的视野。

（2）经过媒体的大量报道，这个问题终于进入了大众的视野。

3. **除非**你能够再说服其他人跟我一起，我**才**会实际给你投资。

除非……才：表示某条件是必要条件，只有具备这个条件，才会有某种结果。

（1）爸爸告诉小明，除非他能坚持锻炼身体，暑假才会带他去北京旅游。

（2）除非你答应不会告诉别人，我才跟你说这件事情。

4. 张朝阳长得并不帅气，有朋友曾经跟他开玩笑，戏称"一个男人的才华与其容貌往往是**成反比**的"。

"成反比"指两个有关联的事物或一个事物互相关联的两个方面，一方发生变化，另一方也跟着在相反方向上发生变化。

（1）一个人随着年龄越来越大，身体能力也会越来越差，这说明对中老年人来说，年龄和体力是成反比的。

（2）一本书的印数越大，成本就会越低，印数越小成本就会越高，印数跟成本是成反比的。

如果一方发生变化，另一方也跟着在相同方向上发生变化，就叫作"成正比"。

（3）儿童随着年龄越来越大，身体能力也会越来越强，这说明对儿童来说，年龄和体力是成正比的。

（4）一本书的印数越大，利润就会越高，印数越小利润就会越低，印数跟利润是成正比的。

综合练习

一、根据课文内容，选择正确答案。

1. 张朝阳选择回国创业的原因不包括（　　）

A. 他在学校的实验室里接触到了互联网。

B. 他觉得互联网在中国将会有巨大的发展前景。

C. 他发现了一个巨大的商机。

D. 他觉得自己赢得诺贝尔奖的梦想没办法实现。

2. 关于张朝阳创业阶段的描述，下面有错误的是（　　）

A. 张朝阳创业时没有什么名气。

B. 张朝阳是读完博士以后才开始创业的。

C. 张朝阳在创业时，给自己的公司起名"搜狐"。

D. 张朝阳的资金很快就不够用了。

3. 从课文来看，爱德华·罗伯特第一次向张朝阳投资的金额是（　　　）

A. 7.5 万美元。

B. 5 万美元。

C. 100 万美元。

D. 22 万美元。

4. 下面跟张朝阳的融资没有关系的是（　　　　　）。

A. 爱德华·罗伯特

B. 《时代周刊》

C. 尼葛洛庞帝

D. 纳斯达克

二、根据意思写出课文中对应的词语。

1. 形容大方地把钱拿出来。　　　　　　　　　　　（　　　　　　）

2. 很少有人知道。　　　　　　　　　　　　　　　（　　　　　　）

3. 名义正当，道理也讲得通。　　　　　　　　　　（　　　　　　）

4. 没有路可以走，比喻情况非常困难，找不到解决办法。（　　　　　　）

5. 充分显示自己的本领。　　　　　　　　　　　　（　　　　　　）

6. 比喻接受任务后却不行动。　　　　　　　　　　（　　　　　　）

7. 对出乎意料的事物或者结果感到非常惊讶。　　　（　　　　　　）

8. 形容名气非常大。　　　　　　　　　　　　　　（　　　　　　）

9. 进入某种环境或领域。　　　　　　　　　　　　（　　　　　　）

10. 受了气强行忍住，不敢出声。　　　　　　　　　（　　　　　　）

三、选词填空。

毅然　胜算　如日中天　一度　敢怒不敢言
走投无路　苛刻　视野　一举　一干二净

1. 经过多年的发展，这家公司现在在手机市场上的地位＿＿＿＿＿＿＿。

2. 经过几个月的认真准备，玛丽终于＿＿＿＿＿＿＿通过了 HSK 六级考试。

3. 这所大学入学竞争很激烈，要求的条件也很＿＿＿＿＿＿，所以大部分普通学生根本不敢报考。

4. 这个小区的前面是一个大湖，＿＿＿＿＿＿非常好，所以价格也卖得很贵。

5. 创业不是件容易的事情，他＿＿＿＿＿＿失去了信心，不过最后还是坚持下来，终于走向了成功。

6. 这家饭店做的烤肉太美味了，每天都很快就卖得_____。

7. 虽然对老板的做法很不满意，但是大多数人都只能_____。

8. 这场比赛我们准备得很充分，因此有很大的_____。

9. 为了使技艺更加精深，他_____远离家乡，外出拜师去了。

10. 如果不是被逼得_____，蛇一般是不会随便攻击人的。

四、造句。

1. 出主意（拿主意/拿不定主意）……

_____

_____

2. 进入……的视野

_____

_____

3. 除非……才

_____

_____

4. 成反比（正比）

_____

_____

五、根据课文内容填空。

张朝阳在回国创业时，还是个_____的年轻人。虽然他的商业眼光非常敏锐，成为中国最早_____互联网领域的企业家之一，但当时他的手里却没有多少资金，他的"爱特信"公司建立没多久，账户上的钱就花得_____。为了让公司能继续生存下去，张朝阳只好_____地在各个城市间奔波，寻求潜在的投资者。

不过张朝阳的融资之路_____坎坷，当时人们对中国互联网市场的发展前景还没有信心，几乎没有人愿意听他的计划。就在这时，有一个叫罗伯特的投资家对爱特信表现出了兴趣。但是罗伯特提出了一个条件，_____张朝阳能说服其他人一起投资，他才会实际拿出钱来。张朝阳满怀期望地跑了好几个月，却一直没能找到第二个愿意投资的人。就在他_____的时候，罗伯特打来电话，提出了砍价的要求。这时候张朝阳其实已经没有太多选择，只能_____地接受了罗伯特的_____条件。

经过罗伯特的牵线，张朝阳认识了在投资行业地位_____的尼葛洛庞帝，通过后者的帮助，张朝阳获得了在全球互联网高峰会议上发言的机会。他在会议上激情_____的演讲不仅深深吸引了与会者，也让尼葛洛庞帝和罗伯特下定决心投资给爱特信，就这样，张朝阳终于获得了第一笔启动资金。

凭着这笔启动资金，张朝阳开始在市场中_____。1998年2月，爱特信公司正式更名为"搜狐"，随后的几年中，搜狐公司又经历了多次融资，发展势头越来越强劲。为了获得更多的发展资金，张朝阳开始寻求让自己的公司上市，经过一番准备，2000年7月，搜狐公司成功在美国纳斯达克（NASDAQ）交易所挂牌上市，_____成为当时最具有国际影响力的中国互联网公司。

六、成段表达练习。

根据课文内容，用自己的话复述一下张朝阳的融资故事，并谈一谈你从这个故事里学到了哪些关于融资的道理。请把上面的内容写下来，字数要求：300～400字。

补充阅读

软银集团的风投故事

软银集团（SoftBank Corp.）是一家成立于日本的大型集团公司，是现在世界上最大的综合性风险投资公司之一，主要致力于IT行业的投资，包括网络和电信。软银在全球投资过的公司已超过600家，并在全球300多家主要IT公司拥有多数股份。

软银的创始人孙正义毕业于美国加州大学伯克利分校，1981年回到日本创立了软银公司，主要业务是为客户提供专业领域的电脑软件。在公司初创的那段日子里，融资一直是困扰孙正义的难题。艰难创业的亲身经历，使他认识到融资对于初创公司的重要性以及投资初创公司可能带来的巨大收益。因此当他的公司成长壮大之后，便把主要的业务方向转向风险投资行业。

经过多年的摸爬滚打，孙正义逐渐积累了丰富的经验，眼光也越来越敏锐，如今他已经被人称为"投资之神"，他的软银集团已经成为全球风险投资行业最顶尖的标杆。在孙正义众多的投资项目中，最为人津津乐道，也是投资回报率最高的两个项目便是雅虎和阿里巴巴。

1996年，孙正义看中了一家美国计算机科学杂志，高价把它收购了下来。虽然这笔投资后来被证明并不太成功，不过却带来了一个意外的收获：孙正义当时问这家杂志的编辑们，他们认为有什么值得投资的项目，得到的答案是雅虎。于是孙正义开始把注意力转向这家当时还名不见经传的公司，他先后向雅虎注资 1 亿美元，换得了雅虎三分之一的股份。这笔投资为孙正义带来了巨额利润，后来雅虎的市值一度高达千亿美元，持有巨额股份的软银在这笔投资中获得了超过百倍的收益，还让孙正义做过一段时间的世界首富。孙正义投资阿里巴巴的故事更是广为人知，对阿里巴巴的这笔投资为软银带来了近千倍的回报，是风投史上最成功的投资案例之一。

不过风险投资顾名思义是有一定风险的，并不是稳赚不赔的生意，风投圈有这么一句话：十个项目八个亏。即使是孙正义这样的高手，在职业生涯中也有马失前蹄的时候。2000 年初，孙正义通过 100 多笔投资，拥有了全球互联网公司公开上市价值的 7% 以上，这让他一度超过盖茨登顶世界首富的宝座。但仅仅过了不到半年，互联网泡沫破裂，美国股市崩盘，软银投资的公司大多暴跌，孙正义的身家从最高值锐减了 90%，净资产蒸发了 700 多亿美元。此外，软银在中国的投资也并不是笔笔都非常成功，博客中国、碰碰网、8848、UT 斯达康、263、美商网……这一长串的名字都曾是软银的投资对象，如今却都成为历史，软银的投资也打了水漂。可见风投行业并没有所谓的常胜将军，胜败都是兵家常事。

（根据知乎网《孙正义投资二十年："蒙"对阿里回报率 1700 倍》等素材改写）

请回答下列问题。

1. 软银集团是什么时候由谁创立的？

2. 软银集团的主要业务是什么？

3. 软银集团有哪些成功的投资案例？又有哪些失败的投资案例？

4. 试着用自已的话复述一下孙正义的投资故事。（参考词语：初创、摸爬滚打、标杆、投资回报率、意外收获、一度、广为人知、马失前蹄、崩盘、暴跌、锐减、兵家常事）

商务知识

常见的融资方式有哪几种

简单地说，融资就是企业通过各种方法获得资金，从而让企业能够正常生产、经营和发展。

企业融资的方式有很多种，基本上都可以分为两大类：一类是债权融资，另一类是股权融资。

所谓债权融资，简单地说就是向人借钱，当然企业借钱的对象主要是银行，所以债权融资的主要表现形式是向银行贷款。债权融资的好处是出资方只从融资活动中获取利息，企业的股权并不会因为融资活动而受到影响，融资而来的资金使用也相对自由；对于希望保持企业经营的独立性和自主性的企业来说，这是一种很好的融资选择。不过债权融资的门槛比较高，需要有足额的抵押物和很高的信用度，对于刚刚创业的小微企业和民营企业来说，要从银行获得贷款并不是件容易的事情。银行更喜欢向那些老牌的大型企业贷款，所以有人说银行从来不喜欢雪中送炭，而更多是在做锦上添花的事，不过这也是符合银行自身利益的选择。债权融资的另一个问题是借来的钱最后是需要还的，而且还要加上不低的利息。所以对小微企业来说，在使用上就难免小心翼翼，公司经营方向也自然会趋于保守，不利于开拓性的发展。

股权融资是另一类常见的融资方式，简单地说就是想办法吸引别人投钱。企业在初创阶段主要是设法吸引各类投资基金投钱，如果能顺利发展到足够大的规模，就会设法在证券交易所上市，从证券市场获得海量资金。跟债权融资相比，通过股权融资所获得的资金是不用还的，而且如果企业确实有好的经营项目，资本市场看好企业的发展，那么通过股权融资可以获得的资金可以说是源源不断的。当然投资者也并非在做慈善，一般在投资的同时都会要求获得企业的股份，从而可以从企业的发展中获利。如果投资者投入的资金量很大，获得的股权比例也会非常高，甚至会出现企业发展越来越好，但创始人已经因为股权稀释，失去话语权，在企业中被边缘化的情况。在实际生活中这样的故事并不少见，这也是股权融资的主要风险之一。

（根据百度百科"债券融资""股权融资"等条目综合改写）

请回答下列问题。

1. 企业融资的方式主要有哪几类？

_____

_____

2. 每一类融资方式的优点和缺点分别是什么？

_____

_____

3. 搜狐的几次融资，分别属于哪类融资方式？

_____

_____

拉风投

商务实践

活动内容：

1. 将学生分为 3~5 人一组，其中一个小组通过抽签成为"风险投资组"，剩余各小组成为"创业组"。

2. "创业组"的学生需要准备材料，介绍自己公司的业务范围、商业模式和发展目标。

3. "风险投资组"和"创业组"约定时间进行面试，面试时"创业组"需要现场展示和阐述自己准备的材料，争取"风险投资组"的投资。

4. "风险投资组"在"创业组"全部展示结束以后，经过商讨决定其中 1~2 组为优胜者，并予以公布。

5. 为增加趣味性，可以考虑增加"风险投资组"的个数，让"创业组"获得在不同的"风险投资组"面前展示的机会，看看不同的"风险投资组"是否会有不同的选择。

要求："创业组"准备材料的过程、面试和展示材料的过程，"风险投资组"讨论的过程都要录像，活动结束后可以在课堂上播放各组的录像，大家一起对各组的表现展开讨论。

第八课　企业参展

8

课前讨论

1. 你知道哪些展会？
2. 你认为参加展会对企业经营有好处吗？
3. 请介绍一下你听说过或参加过的印象最深的一次展会。

学习目标

1. 了解展会的种类、作用。
2. 掌握企业参展需做的准备。
3. 学习在展会中吸引客户、提高企业竞争力的技巧。

商务故事

做足功课才能在展会中脱颖而出

　　中国某电子产品制造商为了开发海外市场，报名参加了美国著名的国际消费类电子产品展览会（International Consumer Electronics Show，简称 CES）。由于第一次到国外参展缺乏经验，制造商听从会展**代理**的建议选择了所谓专门为中国展商划定的区域。到了现场才发现这个区域不仅是两个展馆当中规模较小的那个，而且不属于主要展区。作为**扩充**出来的展区，这里的主题不明确，聚集了许多中低端产品的生产厂商和销售商，更像一个小**商贩**市场，和 CES 所代表的世界最先进消费电子潮流的形象相差很大。因此这个区域吸引的主要也是追求低价的买家，没有达到预期的参展效果。

　　事实上，CES 实行**积分**制，按积分等级选位；而积分来自之前参加这个展会的**年资**，参展时间越长分数越高。因此常年参展的大公司才有可能拿到好的展位。此外，CES 还会审查展商的网站以限制**疑似代工**（OEM）的企业进入主会场。尽管 CES 在中国有限定的招展代理，但是为了顺利售出展位，这些代理也未必会告知所有细节，有些信息需要企业自己通过更多的渠道去了解。做足功课才能正确判断是否值得参加这个展会以及如何使自己的展位和展品在众多的参展单位中脱颖而出。

专有名词

国际消费类电子产品展览会：International Consumer Electronics Show（简称 **CES**），由美国电子消费品制造商协会（简称 **CTA**）主办，旨在促进尖端电子技术和现代生活的紧密结合。该展始于 1967 年，现已成了全球各大电子产品企业发布产品信息和展示高科技水平及倡导未来生活方式的窗口。

生词

1. **代理**：以他人的名义，在授权范围内进行对被代理人直接发生法律效力的法律行为。

会展代理　代理人

2. **扩（kuò）充**：扩大充实，扩大增加。

扩充设备　扩充实力　扩充名额

3. **商贩（fàn）**：商人、小贩。

4. **积分**：累计所得的分数。

积分制　消费积分

5. **年资**：年龄和资历。

她是本医院年资较高的医生。

6. **疑似（yísì）**：类似、近似。引申为嫌疑。

疑似病例　疑似感染

7. **代工**：即代为生产。初始设备制造商（Original Equipment Manufacturer），或称定牌加工，即 OEM 来生产，而再贴上其他公司的品牌来销售。

思考

1. 上述某企业参展不成功的原因是什么？

2. 企业参展前需要做哪些准备？

广交会为我们打下半壁江山

被誉为"中国第一展"的广交会每届海内外客商云集，每时每刻都会有精彩故事在广交会上演：有的企业**借助**广交会认识了众多世界各地**采购商**，从而在海外**开辟**出巨大市场，迅速发展壮大；有的企业通过国际交流，技术、设计、品质等方面得以**大幅度**提高，从而在国际市场打响了自己的品牌。

雷沃重工股份有限公司（简称"雷沃重工"）就是其中的**典型**。这家创始于1998年，以农业**装备**、工程机械等为主体业务的大型产业装备制造企业，自2002年参展广交会以来，从每年出口仅几百台设备，发展成为目前产品远销160多个国家和地区，拖拉机出口**占有率**位列全国第一，各类工程机械出口位列中国第九的全球知名机械装备制造企业，业务范围包括了农业装备、工程机械、车辆、"金融＋互联网"四大部分。当该公司南美大区经理段永兵聊起企业和广交会间的缘分时，公司副总、雷沃重工国际贸易有限公司总经理孙德明在一旁**不失时机**地插话："我们公司和广交会**缘分**大着呢，可以说我们的大半江山，都是通过广交会才打下来的。对我们公司而言，广交会实在是太重要了！"其真诚之情，**溢于言表**。

结缘广交会，搭上发展快车

与很多企业一样，雷沃重工刚成立时，由于缺乏专业人才和拓展海外市场的经验，企业每年产品出口**寥寥无几**。在开拓市场过程中，听说了很多关于"广交会的一个展位就能救活一家企业""产品进了广交会就不愁订单"等传奇故事。于是抱着尝试的心态，2002年开始和广交会结缘。出乎意料的是，第一次参展，自己公司的产品就在展会中大受欢迎，其自主设计的产品，吸引了很多外国客商。自此，雷沃重工走上了品牌国际化道路。自2002年到2008年间，通过广交会，雷沃重工先后开发了阿尔及利亚、阿根廷、澳大利亚、智利、南非、泰国、马来西亚等国客户，产品出口量从不足400台到一下**突破**16 000台。

"通过广交会走向国际市场后，我们充分体会到了什么叫产品质量是企业的生命，从而更加注重质量。"段永兵告诉前来采访的记者："2008年秋季广交会，我们推出了新款拖拉机，引起了国外客户的广泛关注和喜爱。有位阿根廷客商非常喜欢，却又担心产品质量，于是就从中国五个厂家分别采购了一台50HP拖拉机在阿根廷进行测试，经过半年实地作业，客户综合评价我们公司的产品**性价比**最高，**一次性**就下了300台的订单！"

获取重要信息，差异化策略放异彩

"在国际市场上，根据实际情况细分市场，以及根据每个市场的特点制定相应市场策略、开发和配置不同的产品和资源非常重要。"这是雷沃重工在参加广交会中获得的宝贵经验。

据段永兵讲述，2007 年秋季广交会，雷沃重工推出新造型 TD 系列 82HP 拖拉机，一位马来西亚老客户购买样机测试后，对产品的**刹车**系统提出了改进建议。因为马来西亚棕榈园比较泥泞，拖拉机需要质量非常可靠的刹车系统。获取建议后，公司经过反复测试，为客户开发出**经典**机械式刹车系统。该系统虽然属于老式技术，但可靠性高，方便维护保养。该客户非常高兴，对雷沃重工的贴心服务**赞不绝口**。

不同市场有不同的需求。面对需要高品质、高技术、高服务的欧洲市场，雷沃重工全资收购了意大利先进农业装备企业"阿波斯"及高端拖拉机品牌企业"高登尼"，并整合高级研发人员，**因地制宜**进行产品研发。2017 年春季广交会上推出的 50HP 拖拉机受到墨西哥客户的高度认可，双方很快成为合作伙伴。

"我们依托广交会成长壮大，也必将在广交会上，用高品质产品和服务**回馈**全球客户，把这块金字招牌越擦越亮。"孙德明说。

（根据中国对外贸易中心网站于 2019 年 10 月 19 日发布的文章《"广交会故事"专题访谈——雷沃重工：广交会为我们打下半壁江山！》改写）

生词

1. **借助**：靠别的人或事物的帮助。
许多公司可以借助展会认识客户。

2. **采购商**：展会中购买产品或服务的个人或企业。
反义词：参展商

3. **开辟**（pì）：打开、开通、开发。
他借助广交会认识了很多海外采购商，成功开辟了海外市场。

4. **大幅度**：很大范围或程度。
大幅度提高　大幅度增加
反义词：小幅度

5. **典型**（diǎnxíng）：具有代表性的；具有代表性的人或事。
典型经验　典型事例
他是助人为乐的典型。

6. **装备**：配备的东西、设备、技术力量等。
现代化装备　装备齐全

7. **占有率（lǜ）**：指某类产品或事物在同类产品或事物中所占比重。

市场占有率

这家饮料公司拥有全球48%的市场占有率。

8. **不失时机**：成语，不错过当前的机会，指做事要抓住合适的时间和机会。

老师不失时机地让他上台，因为他难得积极举手发言。

9. **缘（yuán）分**：指人与人或人与事物之间发生联系的可能性。

咱俩又遇到了，真是有缘分。

10. **溢（yì）于言表**：成语，心里的感情表现在语言、表情上。

此次合作公司对他们提供了资金支持，他的感激之情溢于言表。

11. **寥（liáo）寥无几**：成语，数量非常少。

大年三十晚上大家都在家团聚，街道上行人寥寥无几。

12. **突破**：打破（困难、限制等）。

突破难关

最近专家们对病毒的研究又有新的突破。

13. **性价比**：商品的性能与其价格形成的比例。

这款车型价格适中，功能齐全，性价比很高。

14. **一次性**：只使用一次，不用第二次。

一次性筷子　一次性手套

15. **策略（cèlüè）**：计策、谋略。指根据形势发展而制定的行动方针和斗争方法。

战斗策略　发展策略

16. **刹（shā）车**：让车停止行进。

刹车功能　踩刹车

17. **经典**：形容事物具有典型性而影响较大的。

经典电影　经典小说

18. **赞（zàn）不绝口**：成语，不停地表扬、赞美。

观众对艺术家的表演赞不绝口。

19. **因地制宜（yí）**：根据各地的具体情况，制定合适的办法。指具体问题具体对待。

各个城市目前都在因地制宜地制定适合自己的发展策略。

20. **回馈（kuì）**：回报。

回馈社会　回馈消费者

重要句型

1. 这家始创于 1998 年，**以**农业装备、工程机械等**为主体**业务的大型产业装备制造企业……

以……为主体：用……作为主要部分。

（1）这家文化公司以图书批发为主体业务，每年批发销售图书近亿本。

（2）对于以人为主体的美发行业来说，员工培训非常重要。

2. **自** 2002 年参展广交会**以来**，从每年出口仅几百台设备，**发展成为**目前产品远销 160 多个国家和地区……

自……以来，从……发展成为……：自从……开始，从……发展成为……

（1）自改革开放以来，深圳从一个小渔村发展成为中国的经济特区。

（2）自电视播出以来，这家店从一个普通路边小店发展成为当地著名小吃店。

3. 于是**抱着**尝试**的心态**，2002 年开始**和**广交会**结缘**。

抱着……的心态：有……的心理状态，也常说"抱着……的心理"。

（1）抱着试试看的心态，他参加了这次比赛，没想到竟然获得了第一名。

（2）做事应该认真踏实，不能抱着侥幸的心态。

和……结缘：和……结下缘分，开始建立联系。

（3）他从小就和足球结缘。

（4）自从电视上偶然看到京剧表演，他从此和戏曲结缘。

综合练习

一、根据课文内容，选择正确答案。

1. 下列哪项不属于广交会被誉为"中国第一展"的原因？（　　　　）

A. 参加广交会的海内外客商人数众多。

B. 广交会是中国举办的第一个展览会。

C. 广交会产生的出口量十分庞大。

D. 广交会是为企业交流、业务往来提供的一个高质量平台。

2. "我们公司和广交会缘分大着呢，可以说我们的大半江山，都是通过广交会才打下来的。"这句话中"大半江山"是指什么意思？（　　　　）

A. 大部分的风景。

B. 大部分的办公场地。

C. 大部分的公司业务。

D. 大部分的公司员工。

3. 下列哪项是雷沃重工公司参加广交会后的变化？（　　　　）【多选】

A. 从每年出口仅几百台设备，发展成为目前产品远销 160 多个国家和地区，拖拉机出口占有率位列全国第一的企业。

B. 走上了品牌国际化道路。

C. 产品出口量从不足 400 台到一下突破 16 000 台。

D. 迅速开辟了国内市场。

4. 下列哪项为雷沃重工公司参加广交会的收获？（　　　　）【多选】

A. 体会到产品质量是企业的生命，从而更加注重质量。

B. 体会到交货时间非常重要，从而更加注重产量与速度。

C. 应根据实际情况细分国际市场，并制定相应的市场战略。

D. 了解到不同市场有不同的需求。

二、根据意思写出课文中对应的词语。

1. 配备的东西、设备、技术力量等。　　　　　　　　　（　　　　　　）

2. 不停地表扬、赞美。　　　　　　　　　　　　　　　（　　　　　　）

3. 数量非常少。　　　　　　　　　　　　　　　　　　（　　　　　　）

4. 让车停止行进。　　　　　　　　　　　　　　　　　（　　　　　　）

5. 很大范围或程度。　　　　　　　　　　　　　　　　（　　　　　　）

6. 指人与人或人与事物之间发生联系的可能性。　　　　（　　　　　　）

7. 计策、谋略。指根据形势发展而制定的行动方针和斗争方法。

　　　　　　　　　　　　　　　　　　　　　　　　　（　　　　　　）

8. 形容事物具有典型性而影响较大的。　　　　　　　　（　　　　　　）

9. 购买产品或服务的个人或企业。　　　　　　　　　　（　　　　　　）

10. 指某类产品或事物在同类产品或事物中所占比重。　（　　　　　　）

三、选词填空。

开辟　借助　典型　回馈　突破　性价比
一次性　溢于言表　不失时机　因地制宜

1. 为了保护地球资源，请尽量不要使用_____物品。

2. 企业可以_____新闻媒体，提高自己的知名度。

3. 在数学竞赛中，他得了第一名，得意之情_____。

4. 最近，首都机场又_____了一条国际航线。

5. 为了_____新老顾客，这家商店开展打折促销、凭会员卡领取礼品等活动。

6. 这款软件功能强大，运行稳定，_____很高。

7. 当社会上出现打车难的情况时，各大企业联手，_____地推出了在线出行平台。

8. 如何_____公司目前的困境，大家意见不一。

9. 进入21世纪后，中国的电子商务企业飞速发展，阿里巴巴公司就是其中的_____。

10. 各地分公司的发展要_____，充分考虑到当地的实际情况。

四、造句。

1. 以……为主体

_____

_____

2. 自……以来，从……发展成为……

_____

_____

3. 抱着……的心态

_____

_____

4. 和……结缘

_____

_____

五、根据课文内容填空。

_____ "中国第一展"的广交会每届海内外客商_____，每时每刻都会有精彩故事在广交会上演：有的企业_____广交会认识了众多世界各地_____，从而在海外_____出巨大市场，迅速发展壮大；有的企业通过国际交流，技术、设计、品质等方面得以_____提高，从而在国际市场打响了自己的品牌。

雷沃重工股份有限公司就是其中的_____。第 126 届广交会上，该公司南美大区经理段永兵告诉记者，这家_____1998 年，_____农业装备、工程机械等_____业务的大型产业装备制造企业，自 2002 年参展广交会以来，从每年出口仅几百台设备，发展成为目前产品远销 160 多个国家和地区，拖拉机出口_____位列全国第一，各类工程机械出口位列中国第九的全球知名机械装备制造企业，业务范围包括了农业装备、工程机械、车辆、"_____+互联网"四大部分。当记者和段永兵聊起企业和广交会间的缘分时，刚和外商交谈完的公司副总、雷沃重工国际贸易有限公司总经理孙德明在一旁_____地插话："我们公司和广交会缘分大着呢，可以说我们的大半江山，都是通过广交会才打下来的。对我们公司而言，广交会实在是太重要了！"其真诚之情，_____。

六、成段表达练习。

通过学习雷沃重工的参展故事，你的感受是什么？与同学们交流你的想法。

补充阅读

中国进出口商品交易会（广交会）概况

中文名：中国进出口商品交易会

外文名：Canton Fair；The China Import and Export Fair

成立时间：1957 年春季

总部地点：中国广州

举办地址：广州市海珠区阅江中路 382 号

春季开展时间：每年 4 月 15 日至 5 月 5 日

秋季开展时间：每年 10 月 15 日至 11 月 4 日

中国进出口商品交易会，又称广交会，创办于 1957 年春。每年春秋两季在广州举办，由商务部和广东省人民政府联合主办，中国对外贸易中心承办，是中国目前历史最长、规模最大、商品种类最全、到会采购商最多且分布国别地区最广、成交效果最好、信誉最佳的综合性国际贸易盛会。

截至第126届，广交会累计出口成交约14 126亿美元，累计到会境外采购商约899万人。目前，每届广交会展览规模达118.5万平方米，境内外参展企业近2.5万家，210多个国家和地区的约20万名境外采购商与会。

广交会分三期举行，每期都有不同的参展范围。

第一期：大型机械及设备、小型机械、自行车、摩托车、汽车配件、化工产品、五金、工具、车辆（户外）、工程机械（户外）、家用电器、电子消费品、电子电气产品、计算机及通信产品、照明产品、建筑及装饰材料、卫浴设备、进口展区。

第二期：餐厨用具、日用陶瓷、工艺陶瓷、家居装饰品、玻璃工艺品、家具、编织及藤铁工艺品、园林产品、铁石制品（户外）、家居用品、个人护理用具、浴室用品、钟表眼镜、玩具、礼品及赠品、节日用品、土特产品（第109届新编入）。

第三期：男女装、童装、内衣、运动服及休闲服、裘革皮羽绒及制品、服装饰物及配件、家用纺织品、纺织原料面料、地毯及挂毯、食品、医药及保健品、医疗器械、耗材、敷料、体育及旅游休闲用品、办公文具、鞋、箱包。

（根据百度百科"中国进出口商品交易会"条目改写）

请回答下列问题。

1. 结合自己的参加广交会的经历，谈一谈你的感受。

2. 收集世界各国重要展会信息并与同学们分享。

商务知识

企业参展如何准备

1. 收集展会信息

把行业内所有大的展会整理出来，对专业性展会和综合性展会进行分类，以便自己选择。

2. 选择适合自己的展会，切忌盲目参加展会

企业在参加展会之前必须要做好详细的调查准备工作，要了解各个展会的优缺点及性价比，再结合自己公司的实际情况，选择适合自己的展会，大的展会并不一定是适合自己的。

如果企业产品比较专业，可以参加一些专业性行业展会；如果企业是大众化产品，产品多元化，可以选择人流量多的综合性展会。

3. 展位的大小及档次选择

展位的大小由企业的实力、产品档次、目标客户群决定。

4. 采购商的邀请

展会效果好与不好，主要由客户资源决定。不要仅仅依靠展会主办方邀请来的采购商，参展商自己也需要提前做好邀请工作。

一般邀请的方式：电话沟通、电子邮件、传真、寄邀请函等。

老客户：直接邀约就可以。

新客户：先要收集自己的潜在客户，然后再进行邀约。

邀请客户一般要在参展前三个月进行，因为客户也不是随时就能有空，他还需要了解您的公司，也需要做很多的准备工作。

5. 展位的布置

一个展位相当于企业的店面，采购商在展会上会去很多的展位，想让客户记住自己的展位，吸引客户进去，企业需要做很多的准备工作，如：

（1）颜色搭配。

有个性的色彩布置，可让客户产生强烈的视觉感，快速引起客户的关注。

（2）产品专业化。

产品的展示、种类、摆放、包装等，都可以体现出公司的专业性。

6. 参展人员的礼仪及专业性

参展之前要给员工交代注意事项，如：礼仪、服装搭配、产品相关专业知识、服务等都要做到细致周到，细节决定成败。

7. 准备参展资料

参展商需要准备以下材料：

（1）宣传彩页。

多印刷一些宣传彩页，凡是来展位上的采购商，都可以给他们发放宣传彩页，吸引客户。

（2）名片。

准备好印有中英文、制作精美的名片，交换名片的同时，可以询问客户其他在线工具，如 WhatsApp 等。

（3）样品。

向客户展示样品，可以让客户最直观地了解产品及企业情况。样品最好是新订制的，并测试好功能，以便采购商了解。

（4）拍照设备、办公用品等。

企业可将更多的介绍存在笔记本电脑中，以便随时给客户演示。如：产品图片、产品包装、产品设计图、产品细节材料、合作用户材料等。

（5）矿泉水、零食等。

准备好纸巾、纸杯、矿泉水、零食（糖果、饼干、水果类），供客户随便使用，多聊天沟通，拉近彼此的关系。

（6）礼品、游戏活动等。

为每个客户准备一些小礼品，客户会很欢喜的。如果可以，在展会上开展一些小小的游戏活动，与客户互动，增进感情，也能吸引客户的关注。

8. 客户跟踪

一般建议，当天收到客户信息，如果对方是重要的客户，尽量晚上就答复客户，这类时效很重要、意向度高的客户，他们随时都有可能定下产品，所以一定要跟紧。争取在他们回国之前，就能定下，即使定不下来，也能显示你们公司的专业性、对客户的重视，让他们能够更好地记住您和你们的公司，显示出你们强大的合作诚意。

请回答下列问题。

1. 为什么参展前的准备很重要？

_____

_____

2. 根据你的经验，除了以上内容，企业参展还有哪些工作可以提前准备？

_____

_____

展会参观考察

商务实践

活动内容：

1. 将学生分为 3～5 人一组，选择一场较大型的展会前往参加（如广交会）。

2. 参加展会前，各小组可通过互联网等查询资料，收集展会相关信息，确定参观内容和小组分工。

3. 展会参观结束后，各小组可通过制作 PPT 或者视频等方式，介绍本小组此次展会参观考察情况，内容包括：展会概况、参观内容、相关行业词汇、参展产品信息、自己的感受和体验等。

4. 各小组介绍完成后，教师组织全班讨论，共同探讨企业参展的不同形式，尝试开发未来企业在参展中脱颖而出的新方式。

第九课　财务管理

课前讨论

1. 如果你手里有一千万元，你打算怎么处理它？
2. 你家的钱由谁来管理？是怎么管理的？
3. 一家企业的财务管理应该包括哪些方面？

学习目标

1. 学习和掌握与企业财务管理有关的词语。
2. 理解财务管理对企业经营的重要性。
3. 了解企业财务活动的四个方面。

商务故事

富翁的黄金

从前，有一个富翁把手里的黄金装到一个大袋子里，又把这一大袋黄金放在床头。这样，他每天睡觉时就能看到黄金、摸到黄金。他感觉真是美妙极了！但是有一天，他开始担心起这袋黄金来："如果突然有**歹徒**进来，把它偷走，那可怎么办？"

富翁左思右想，终于想出一个好办法。一天深夜，他独自跑到森林里，在一块大石头底下挖了一个大洞，然后把这袋黄金埋在了洞里面。这个富翁**隔三岔五**地就会到森林里埋黄金的地方看一看、摸一摸他心爱的这袋黄金。

然而，不幸的事情还是发生了。某一天，一个歹徒**尾随**这位富翁，发现了这块大石头底下的黄金，第二天就把这袋黄金给偷走了。发现自己埋藏已久的黄金被人偷走之后，富翁痛哭流涕，**伤心欲绝**。

　　这时，森林里正巧有一位**长者**经过此地。在询问了事情的**缘由**之后，他对这位富翁说："我有办法帮你把黄金找回来！"话音未落，森林长者就拿起金色的油漆，把埋藏黄金的那块大石头涂成金黄色，然后在上面写下了"一千两黄金"几个大字。写完之后，森林长者告诉这位富翁："从今天起，你又可以天天来这里看你的黄金了，而且再也不必担心这块大黄金被人偷走了。"看着眼前的场景，富翁**目瞪口呆**，静静地站在那里，半天都说不出话来。

　　在森林长者的眼里，如果金银财宝没有拿出来使用，那么藏在洞穴里的一千两黄金，与涂成黄金样的大石头就没什么两样。正所谓"你不理财，财不理你"。钱的价值存在于流动之中。如果一个人只知道死守着钱放在银行，不肯善加利用，**甘心**做一个**守财奴**，他的财务管理无疑是失败的。

（根据"生命力教育培训"的博客改写）

生词

1. **歹徒**：歹人；坏人。

面对持刀的歹徒，他一点也不惊慌。

2. **隔三岔（chà）五**：每隔不久；时常。也作"隔三差五"。

她隔三岔五都要到外婆家住几天。

3. **尾随**：跟随在后面。

孩子们依依不舍地尾随着马戏团走了好长一段路。

4. **伤心欲绝**：极度悲哀，万分伤心的样子。

看着自己一手创立的公司就这样破产，他伤心欲绝。

5. **长者**：年龄大、辈分高的人。

昨天在路上遇到一位长者。

6. **缘由**：造成某种结果或一件事情发生的原因。

这件事的缘由到现在还没弄清。

7. **目瞪口呆**：瞪大眼睛说不出话来。形容因吃惊、害怕或激动而发愣、发呆的样子。

这意外的结果令大家目瞪口呆。

8. **甘心**：从内心深处愿意；情愿。

我累了，但是不甘心，所以只能坚持学习。

9. **守财奴**：有钱而非常吝啬的人，含有讥讽意。

他是个十足的守财奴，在亲人需要资助时，他也一毛不拔。

思考

1. 听了森林长者的话，富翁为什么目瞪口呆，半天也说不出一句话来？

2. 这个故事告诉我们一个什么道理？

核心课文

"拧"出十亿美元

2012 年 1 月 6 日，我突然接到领导电话，说是公司的收入增长不上去，但各项成本费用却又降不下来，**费用 预算**工作遇到困难，拖了公司整体预算的后腿，所以调我去公司成本与费用管理部担任主管。

我到任后发现，情况果然**不容乐观**。成本费用包括雇员费用、业务性费用、差旅行政费用等支出，均与员工**息息相关**。由于 2009—2011 年进人很多，导致各项费用剧增，2012 年费用预算增长接近 30%。但是，收入预算却只增长 21%，花钱远比赚钱快。要保住公司利润目标，"拧毛巾"**势在必行**。

我打开各部门的费用预算细看发现，在众多部门中，公司**职能部门**预算增长尤其快，达到 45%。因此，首先要"拧"的就是职能部门的水分。"拧出水分"，意味着各部门要过紧日子，因此没有哪个部门主动把"毛巾"递过来。我们逐个给职能部门打电话沟通，可每个部门都有一千个不能降费用的理由。"强拧"拧不动，我们必须要找到一套好的方法、规则和机制，才有可能"拧"出利润来。

"拧毛巾"第 1 招：建立预算基线

基线，相当于费用预算管理的"高压线"，制定起来非常讲究：太紧了，业务无法正常开展；太松了，利润支撑不了费用的增长。针对不同部门的业务特点，我们制定了差异化的基线。比如，整个流程 IT 领域的费用投入占公司总收入的比重不能高于 x%；由区域埋单的流程 IT，也要受到财务损益约束，费用增长不能高于收入或销售**毛利**增长。

同时，我们还出台了硬规定：费用额零增长。各部门原以为只是"瘦身"，现在干脆不让"吃"了，自然**怨声载道**。不过，在公司高层的支持下，我们还是顶住了压力，一个个部门去抠，一项项费用展开分析，硬是把职能部门费用预算砍掉了 6 639 万美元。

"拧毛巾"第2招：实行弹性预算

费用管理开始走上了正确的道路，各项花费也都在预算范围内开支，似乎一切都**按部就班**地进行，但实际情况却并不乐观。2012 年 6 月初，公司高层领导在会上问了一句："1 月至 5 月都是亏损，大家判断一下，咱们 6 月能不能盈利？"会议室一片沉默，大家都不敢说话。以往最难的时候，只要 Q1（第一季度）最后一个月**冲刺**，利润都能转正。2012 年开年连续亏损 5 个月的情况确实是前所未有。

开源不如预期，我们只能进一步节流，加大力度"拧毛巾"——弹性预算授予机制**应运而生**。早在 2012 年 3 月做第二季度预算授予时，按照公司 CFO 的建议，我们对职能部门只授予了 40%，其他利润中心也要求与收入挂钩，做弹性预算授予。2012 年 6 月，我们对各大利润中心进一步收紧了弹性预算授予规则：根据收入、销售毛利完成率孰低来弹性授予费用预算。经营计划完不成，费用预算就要减少。比如，某地区部全年收入预测能完成 95%，销售毛利预测只能完成 90%，则按照 90%来弹性授予其费用，砍掉 10%的预算。资源配置和产出指标紧密地挂钩，就**迫使**代表处、系统部及 BG（业务部门）等各大利润中心不仅追求收入达成，还要关注销售毛利。有了清晰的弹性预算授予规则，配套严格的闭环管理措施，费用管控效果明显。当时经营情况差的区域和 BG，在年中预测到收入和销售毛利不能达成全年预算，纷纷主动开始清理费用。

"拧毛巾"第3招：管住一支笔

弹性预算加强后，仍有虚假**报销**、**中饱私囊**等问题。比如在公司某海外部，由于饮食习惯原因，本地人几乎不吃中餐。但是，在多名员工的费用报销中却出现了中餐馆的费用。经查，均为私费公报。

针对虚假报销，我们做了两手准备。首先，通过更新和制定差旅、外包合作等费用制度，让成本开支**有章可循**。比如，公司的差旅费用制度于 2007 年制定，已有 5 年未更新。期间随着高铁等新型交通工具的普及，旧的制度已不适应。所以 2012 年我们进行了制度的更新和规范。其次，我们着手做虚假报销的梳理，主要针对交际**应酬**等费用，出台了交际应酬费用的管理制度，发布了差旅的基线。

通过分析我们发现，主管手中的"一支笔"至关重要。为求报销快，很多主管对费用审核不上心，不看单据，只在系统上点一点，**纵容**了虚假报销。对此，我们对费用权签进行梳理，把主管手中的笔管起来。在梳理中，共有 104 人的费用审核遵从性等级降为 C，还挖出一个"大萝卜"——因某高管在费用报销审核中未能认真履行对费用真实性、合理性的审核责任，公司发文停止其费用报销财务权签权力 3 年，并要求其对违规报销金额承担连带赔偿责任。这个文件一发布，就给所有权签人和主管上了一课，形成了强大的**威慑**力。

截至 2012 年底，我们共"拧"出了近十亿美元的费用预算**节余**，最终利润结果基本达成了公司预期要求，成功遏制了过去几年费用率不断走高的势头。

（根据《华为人》总第 332 期吴小慧同名文章及"三豪商学院"公众号文章改写）

生词

1. **费用**：在某方面花费的钱。特指企业在日常活动中发生的、会导致所有者权益减少的、与向所有者分配利润无关的经济利益的总流出。

公司的办公费用连年增长。

2. **预算**：政府、企业等对于未来一定时期（年、季、月）内的收入和支出所做的预计。

每年年底公司都要制定下一年的年度预算。

3. **不容乐观**：形容事情、事态发展不好。

受灾情影响，公司下一年度的财务状况不容乐观。

4. **息息相关**：形容关系密切。

政府政策的出台与大家的利益息息相关。

5. **势在必行**：指根据事物的发展趋势必须做某事。

制度改革势在必行。

6. **职能部门**：企业中对下属单位具有计划、组织、指挥权力的部门，如人力资源部、财务部等。与此相对，业务部门是指负责销售、营销、物流等与业务运营相关的工作的部门。

企业运营一定要处理好职能部门和业务部门的关系。

7. **毛利**：即毛利润，是营业收入扣除营业成本后的利润。

这件商品的毛利是五元。

8. **怨声载（zài）道**：怨恨的声音充满道路，形容民众普遍不满。

股票指数一直跌，投资人怨声载道。

9. **按部就班**：按照一定的条理，遵循一定的程序。

暑假结束了，学校的教学及各项活动又按部就班地开展起来。

10. **冲刺**：跑步、滑冰、游泳等体育竞赛中临近终点时全力向前冲；比喻接近目标或快要成功时做最大的努力。

考试时间越来越近，大家都努力复习，进行最后的冲刺。

11. **开源**：开辟收入的新来源，常与"节流"（节省开支）连用。

要解决公司的财务困境，只有开源节流一条路。

12. **应运而生**：随着某种形势而产生。

随着电脑的普及，网上教育应运而生。

13. **迫使**：用强力或压力使（做某事）。

突来的恶劣天气迫使人们居家办公。

14. **报销**：把领用款项或收支账目开列清单，报请上级核销。

员工出差，交通费和住宿费都可以凭票报销。

15. **中饱私囊**：贬义词，指侵吞经手的钱财使自己得利。

他所经手的款项虽然数以千万，但从未中饱私囊。

16. **有章可循**：有章法可以依照。

有章可循才能更有力地说服每位职工，充分调动他们的积极性。

17. **应酬**（yìngchou）：交际往来，应接款待；宴会、聚会等社交活动。

为了谈成生意，他经常参加各种应酬。

18. **纵**（zòng）**容**：对错误行为不加制止，任其发展。

家长不能纵容孩子的不良行为。

19. **威慑**（shè）：用武力或威势使对方感到恐惧。

面对警方的严厉打击和威慑，犯罪分子不得不放弃犯罪计划，选择了投降。

20. **节余**：因节约而剩下（的钱或东西）。

他每个月生活费都有节余。

重要句型

1. 公司的收入增长不上去，但各项成本费用却又降不下来，费用预算工作遇到困难，**拖**了公司整体预算的**后腿**。

拖……的后腿：使人或事物不得前进；也可以表示拉低平均水平。

（1）如果你不能按时完成你的任务，你就会拖我们大家的后腿。

（2）这次考试中作文拖了他的后腿，导致最后成绩不理想。

2. 基线，相当于费用预算管理的"高压线"，制定起来非常讲究：**太紧了**，业务无法正常开展；**太松了**，利润支撑不了费用的增长。

太……，……；太……，……：用于列举两种相互矛盾的情况下出现的不同结果。

（1）商品定价要适中：太贵了，没人买；太便宜了，赚不到钱。

（2）庄稼的生长对雨量要求很高：雨量太大了，容易涝死；雨量太小了，容易旱死。

3. **针对**不同部门的业务特点，我们制定了差异化的基线。

针对……：对准某事物或问题而采取相应的做法。

（1）针对这个问题，他提出了一个解决方案。

（2）针对消费者的需求，厂家设计出了全新的产品。

4. 资源配置**和**产出指标紧密地**挂钩**，就迫使代表处、系统部及BG（业务部门）等各大利润中心不仅追求收入达成，还要关注销售毛利。

……和……挂钩：某两种事物产生联系。

（1）公司决定将员工的学习测评结果和职位晋升挂钩。

（2）学校将学生的出勤情况和期末成绩挂钩。

综合练习

一、根据课文内容，选择正确答案。

1. 文中的"拧毛巾"是比喻（　　　　）

A. 保住公司利润目标。

B. 采取弹性预算授予机制。

C. 调"我"去公司成本与费用管理部担任主管。

D. 找到一套好的方法、规则和机制，减少各种费用开支。

2. 文中3招"拧毛巾"的方法不包括（　　　　）

A. 确定费用预算管理的"高压线"。

B. 采取弹性预算授予机制。

C. 减少公司业务部门的开支。

D. 强化对主管的费用权签的管控。

3. 2012年6月初，公司高层领导在会上讲话后，为何会议室里一片沉默？（　　　　）

A. 各部门原以为只是"瘦身"，现在干脆不让"吃"了。

B. 公司当年开年连续亏损5个月，6月份很难盈利。

C. Q1最后一个月没有冲刺。

D. 参会人员反对弹性预算授予机制。

4. 虚假报销、中饱私囊问题产生的原因不包括（　　　）

A. 实行了弹性预算授予制度。

B. 差旅费用制度多年未更新。

C. 交际应酬费的管理制度不完善。

D. 主管对费用审核不上心，纵容了虚假报销。

二、根据意思写出课文中对应的词语。

1. 因节约而剩下（的钱或东西）。　　　　　　　　　　　　（　　　　　　　）

2. 对错误行为不加制止，任其发展。　　　　　　　　　　　（　　　　　　　）

3. 形容事情、事态发展不好。　　　　　　　　　　　　　　（　　　　　　　）

4. 形容关系密切。　　　　　　　　　　　　　　　　　　　（　　　　　　　）

5. 怨恨的声音充满道路，形容民众普遍不满。　　　　　　　（　　　　　　　）

6. 随着某种形势而产生。　　　　　　　　　　　　　　　　（　　　　　　　）

7. 用强力或压力使（做某事）。　　　　　　　　　　　　　（　　　　　　　）

8. 按照一定的条理，遵循一定的程序。　　　　　　　　　　（　　　　　　　）

9. 有章法可以依照。　　　　　　　　　　　　　　　　　　（　　　　　　　）

10. 侵吞经手的钱财使自己得利。　　　　　　　　　　　　　（　　　　　　　）

三、选词填空。

预算　纵容　迫使　冲刺　息息相关　不容乐观

应运而生　怨声载道　按部就班　开源节流

1. 运动员＿＿＿＿＿＿的时候，运动场上响起了热烈的加油声。

2. 听说你要买车，你的＿＿＿＿＿＿是多少钱？

3. 人们对于乘车难的问题意见很大，真可谓＿＿＿＿＿＿。

4. 生产一件产品，必须根据操作规程，＿＿＿＿＿＿地进行。

5. 他知道自己的病情＿＿＿＿＿＿，可他很坚强，从他脸上看不出丝毫愁容。

6. 城市公交"最后一公里"的问题仍然存在，短距离便利出行的需求仍然强烈，在这个背景下，加上私营资本的介入，"共享单车"就＿＿＿＿＿＿了。

7. 企业运营要降低成本、提高效率就必须＿＿＿＿＿＿，这样才能实现可持续发展。

8. 上司对下属负有管理责任，不得＿＿＿＿＿＿下属违法犯罪。

9. 情况突然有变，＿＿＿＿＿＿我们不得不改变计划。

10. 阳光、空气和水与人的生存＿＿＿＿＿＿。

四、造句。

1. 拖……的后腿

_____

_____

2. 太……，……；太……，……

_____

_____

3. 针对……

_____

_____

4. ……和……挂钩

_____

_____

五、根据课文内容填空。

公司的收入增长不上去，但各项成本费用却又降不下来，费用预算工作遇到困难，拖了公司整体预算的_____。如何降低各种成本费用，成为摆在我面前的一大难题。我打开各部门的费用预算细看发现，在众多部门中，公司_____部门预算增长尤其快，达到45%。因此，首先要"拧"的就是该类部门的水分。

针对不同部门的业务特点，我们制定了_____化的基线。同时，我们还出台了硬规定：费用额零增长。各部门原以为只是"瘦身"，现在干脆不让"吃"了，自然_____。

费用管理开始走上了正确的_____，各项花费也都在预算范围内开支，似乎一切都_____进行，但实际情况却并不乐观。2012年开年连续亏损5个月，6月份利润能否转正？大家都没有信心。开源不如预期，我们只能进一步节流，加大力度"拧毛巾"——_____机制应运而生。我们根据收入、销售_____完成率_____低来弹性授予费用预算。经营计划完不成，费用预算就要减少。从而将资源配置和产出指标紧密地_____，收到了良好的效果。

针对虚假报销和中饱私囊问题，通过调查我们发现，主管手中的"一支笔"_____。为求报销快，很多主管对费用审核不上心，不看单据，只在系统上点一点，_____了虚假报销。对此，我们对费用权签进行_____，把主管手中的"一支笔"管起来。

六、成段表达练习。

用自己的话说一说"我"担任公司成本与费用管理部主管后是如何加强财务管理的？

补充阅读

怎样考核才合理

置业房屋交易公司是西安一家以房屋买卖和租赁业务为主的中介机构，其业务模式是通过收购、租赁等形式取得房屋的所有权和经营权后，再出售或对外租赁。该公司成立后不久，随着写字楼租赁的火爆，加之价格优势进入快速发展时期，目前已经在西安市内和城郊分设了 30 家分店。

每个分店的设立成本大约 10 万元，设店长一名，销售人员 5~6 名，会计核算人员 1 名，行政人员 2 名。会计核算人员和行政人员每月工资大约 1 200 元。销售人员的薪水由每月 600 元的固定工资加销售额 2% 的提成组成。为了激励店长的工作热情，总经理王洋决定让每个店长出资 2 万元入股，约占 2% 的股本，店长每月薪水为该店当月净利润的 2%。王洋觉得这种做法最大的优点就是将考核店长的业绩指标直接与净利润联系了起来。

然而最近发生一件事情却让王洋感到困扰。今年年初王洋到各个分店巡视的时候，有个店长向他反映了这样一个问题。这位店长所在的分店处于城郊，每个月的营业额只有 40 万元左右，扣除各项税费，净利润只有 20 万元左右，销售人员每月能拿到 3 000 元左右，店长本人月薪 4 000 元。令他感到不公平的是，地处市中心的同样规模的分店由于房屋成交量大，营业额高。普通销售人员的工资一般在 7 000~8 000 元，店长更是月薪过万。在城郊，一个店长的月薪却没有在市中心一个销售人员的月薪高。郊区的店长纷纷要求调到市中心来工作。

另外，由于店面的选址只能由总店决定，店长无法控制房租费用，而目前作为考核指标的净利润是扣除房租费用以后的净利润。因此另一个店长向总经理王洋建议，考核指标的净利润不应扣除房租费用，房租应该由总店承担。

[节选自人民邮电出版社（2019）李延喜等《财务管理：原理、案例与实践》]

请回答下列问题。

1. 从店长的角度看，你认为店面地理位置的差异是不是决定店长薪水问题的关键因素？如果是，应该如何将该因素考虑进去？

_____

_____

2. 选择不扣除房租费用的净利润作为考核指标是否合理？对各店长和总经理的利润分成将有何影响？

_____

_____

3. 如果你是总经理王洋，你将如何解决店长薪水问题，能提出一套比较合理的业绩考核解决方案吗？

_____

_____

🤝 **商务知识**

财务活动的四个方面

财务管理是基于企业在经营中客观存在的财务活动和财务关系而产生的，是企业组织财务活动、处理与各方面财务关系的一项经济管理工作，是企业管理的重要组成部分。

企业的财务活动就是企业生产经营过程中的资金运动。随着企业再生产过程的不断进行，企业资金总是处于不断的运动之中，从货币资金开始，经过若干阶段，又回到货币资金形态，这种资金周而复始不断重复的循环称为资金的周转。从生产经营企业来看，企业的资金运动包括以下几个方面的经济内容：

1. 企业资金筹集活动。筹资是指企业为了满足生产经营活动的需要，从一定的渠道，采用特定的方式筹措和集中所需资金的过程。一般而言，企业的资金可以从以下三个方面筹集：

（1）从投资者处取得的资金形成企业资本金。

（2）从债权人处取得的资金形成企业负债。

（3）从企业盈利中取得的资金形成部分所有者权益。

2. 企业资金投放活动。企业筹资的目的是投资，投资是为了实现企业的经营目标，追求股东价值最大化。投资有广义和狭义之分。广义的投资是指企业将筹集的资金投入使用的过程，包括企业内部使用资金的过程以及企业对外投放资金的过程；

狭义的投资是指企业采取一定的方式以现金、实物或无形资产对外或其他单位进行投资。企业内部使用资金的过程构成企业内部投资，具体由流动资产投资、固定资产投资、无形资产投资、递延资产投资等组成。

3. 企业资金经营活动。企业在正常的经营活动中，会发生一系列的资金收支。首先，企业要采购材料或商品，以便从事生产和销售活动，同时还要支付工资和其他营业费用；其次，当企业把产品或商品售出后，便可取得收入、收回资金；最后，如果企业现有资金不能满足企业经营的需要，还要采取短期借款方式来筹集所需资金。上述各方面都会产生企业资金的收支，这就属于企业经营引起的财务活动。

4. 企业资金分配活动。企业通过资金的投放和使用，必然会取得各种收入，各种收入抵补各种支出、缴纳税金后形成利润。企业必须在国家的分配政策指导下，根据公司章程确定的分配原则，合理分配企业利润，以使企业获得最大的长期利益。

[节选自西南财经大学出版社（2019）袁蕴《财务管理》第一章]

年度财务规划

商务实践

假设你是一家新公司的老板，请结合自己公司的经营范围和特点，从资金筹集、资金投放、资金经营、资金分配这几个环节，对公司未来一年的财务管理进行规划，并提交一份《××公司××年度财务规划》的报告书。

10

第十课　电子商务

商务故事

阿文的故事

2011 年，"90 后"小伙子阿文考入大学。到了大三，他有了些空闲时间，开始找兼职工作。一次偶然的机会，他获得了去一家国际著名的化妆品公司柜台实习的机会。虽然是男生，但他非常喜欢这份工作，也很愿意努力学习。所以他的专业能力和销售额比大部分女员工还要高，这也让他在大学毕业后顺利留在这家公司的美妆专柜做销售员。

从实习生到正式员工，阿文在美妆专柜**日复一日**地做"柜哥"，整整做了 3 年，成为那个柜台最懂化妆品、最会销售的导购。不过在那时候，无论是家人还是朋友，都对他一个男生却去从事美妆行业非常不理解，觉得这份工作每个月能拿到手的工资只有区区几千块钱，就算做到极致也没啥出息。

不过命运总是会**垂青**那些对自己的事业格外专注的人，2016 年底，网红**孵化**机构"梦真"公司看到了网络直播购物的机会，联合化妆品公司发起了"BA 网红化"的项目，BA 就是美容顾问（Beauty Adviser），通常就是指美妆专柜的导购，双方希望通过这个项目尝试一下线上销售。因为阿文销售业绩出众，他从全国众多导购中脱颖而出，成为最终的入选者之一。

三个月后，项目结束，"梦真"公司向其中表现最出色的 7 个人**抛出橄榄枝**，邀请他们和公司签约，专职做线上销售。7 个人当中只有阿文选择了留下，其他人都选择继续回线下专柜，因为那是一份确定的收入，而留下做直播**前途未卜**。

这确实不是一条容易走的道路，为了能够做到最出色，阿文付出了艰苦的努力，也渐渐收获了众多的粉丝。有一次，阿文做了一场美妆专场直播，连续 6 个小时不停地为粉丝试口红，一个颜色试完，马上擦掉再进行下一个，一共试了将近 400 支。一开始还行，后面完全是在煎熬中一支一支试完的，嘴唇先是如同撕裂般的疼，后来又完全**麻痹**，没有任何感觉。阿文的敬业表现赢得了粉丝的广泛好评，也让他从此获得了"美妆王子"的称号。阿文的努力并没有就此止步，为了吸引更多的流量，他曾创下了一年累计直播 389 场的惊人纪录。

阿文的付出没有白费，如今的他已经成为直播界顶级的流量明星之一，观看他直播的在线人数经常以千万计，10 秒钟卖出 10 000 瓶洗面奶、15 分钟卖出 15 000 支口红……阿文创下了一个又一个销售奇迹，个人年收入也早已超过千万元。

直播带货是一种全新的电子商务模式，它的出现改变了商品流通的生态，也改变了很多人的命运。像阿文这样成功抓住直播行业**风口**的**不乏其人**，他们**生逢其时**，再加上自身的努力，从而彻底改变了自己的人生。

（根据知乎网《以为钱好赚，是年轻人最大的错觉》等素材改写）

生词

1. **日复一日**：复：再，又。"日复一日"指过了一天又一天。
日复一日，年复一年，他一直做着同样的工作。

2. **垂青**：用黑眼珠看，表示重视或喜爱。
小明在谈判中表现非常出色，也让他赢得了老板的垂青。

3. **孵（fū）化**：在这里比喻对新事物进行培育、培养，使其发展。
几年来这所大学已孵化了数十家高科技企业。

4. **抛出橄榄（gǎnlǎn）枝**：橄榄枝是和平的象征，"抛出橄榄枝"意思是向对方表示友好的态度，在课文里是表示给对方工作的机会。
因为在实习过程中表现出色，这家公司向小明抛出了橄榄枝。

5. **前途未卜（bǔ）**：卜：预料。比喻将来的前景如何难以预料。

战争虽然已经结束，但这个国家仍然前途未卜。

6. **麻痹**（bì）：身体某一部分的感觉能力和运动功能丧失。

这种蛇的毒液能让人手脚麻痹。

7. **风口**：本身的意思是风很大的地方，常用来比喻最受人关注的地方、事情。

最近几年，直播带货成为电子商务领域新的风口。

8. **不乏其人**：乏：缺少。指并不缺少这样的人。

有能力熟练使用好几门外语的，在我们学校不乏其人。

9. **生逢其时**：正好生在这个好时代。

这种产品生逢其时，正好遇上了人们对这方面的需求大幅增长的时代。

思考

1. 阿文在美妆行业表现怎么样？他的事业是怎样从线下走到线上的？

2. 电子商务的时代，让阿文的人生有了什么改变？

核心课文

国际电商巨头为何败走中国

中国人口数量位居世界第一，电子商务市场规模也是全球第一。然而亚马逊、ebay 这些人们**耳熟能详**的国际电商巨头，在中国市场却基本上没有什么存在感，甚至几乎不见踪影，这是为什么呢？

电子商务的概念起源于美国，作为互联网的发源地，美国企业在互联网的各方面都领先全球，电子商务自然也不例外。在各项电商排行榜上，亚马逊和 ebay 都名列前茅。这两家公司早就布局中国市场。2002 年，ebay 收购了中国 C2C 电商模式的开创者易趣；2004 年，亚马逊收购了当时中国最大的在线购书网站卓越。国际电商巨头通过全资收购的方式，把这两家当时已经颇具规模的电商变成自己的子公司，准备在中国电商市场上大干一场。

投资者们都非常看好这两家国际电商巨头在中国的发展。毕竟跟当时还显得很**稚嫩**的中国电商企业相比，这两家企业无论在资金还是经验上都远远胜出，再加上吸收了本土业界的**佼佼者**，更是**如虎添翼**。然而 ebay 的强劲对手很快就出现了，2003 年 5 月，淘宝网正式建立。当时 ebay 占有中国网购市场 80% 以上的份额，根本没有把这个新生的公司放在眼里。不过事情的发展让所有人都大跌眼镜，淘宝网仅仅用了两年多的时间，在中国市场的规模就开始超过 ebay。两家公司就像坐标图上的两条线，淘宝网随着时间走出一条上扬线，ebay 则走出一条下降线，双方在 2005 年交汇，此后淘宝网继续一路高飞，直到占有全国市场份额的 80% 以上，而 ebay 却一路下滑到个位数，最终不得不选择把公司转手出让，**黯然**退出中国 C2C 市场。

淘宝网和 ebay 的故事并非孤例。在中国电子商务市场上，本土企业以弱胜强，把国际电商巨头打得满地找牙的好戏上演了不止一次。亚马逊和 ebay 一样被本土电商企业击退，雅虎、贝塔斯曼、乐天……败走中国市场的国际电商巨头名单很长。究竟是什么原因导致这些在全球**风光无限**的企业在中国市场却一败再败呢？对于这一现象，很多机构和学者从各个角度进行了充分的分析。总的来说，大家普遍认为，国际电商巨头败走中国的最大原因是对中国市场**水土不服**。国际电商巨头在进入中国市场后，没有充分考虑中国市场的具体情况，没能做到迎合中国消费者的需求和体验，而是盲目照搬外国模式；而且这些国际电商巨头又缺乏应变能力，跟经营手法灵活多变的中国本土企业相比，步步落后，最终一败涂地。

ebay 在收购易趣后，做的第一件事情就是对管理层大**换血**，从美国**空降**了一批外籍高管，这批外籍高管在能力和经验上没有问题，但对中国市场却缺乏了解，完全没有考虑到中国消费者的喜好和需求。另外，ebay 又对原来易趣留下来的中国本土高管不够信任，对他们的意见不够重视，**一意孤行**，一味坚持全球统一标准，不愿意为中国市场做出改变，直接把美国 ebay 的一套东西照搬来中国，甚至为此全盘放弃了易趣之前已经**日臻**成熟的网站和交易体系。这一举动赶跑了一批本来已经习惯了使用易趣的忠实用户，转过头来，这批用户就投入了更懂得中国人需求的淘宝网的怀抱。

ebay 在中国失败，还有一个重要原因就是没能像他们的中国对手一样，做到因地制宜，**与时俱进**。ebay 在美国提供服务是要收费的，卖方在 ebay 上发布商品需要收费，成交后也需要收费，通过 ebay 提供的 paypal 收取货款还是要收费。到了中国，ebay 仍然坚持这套收费政策。更有甚者，为了保证能收到中介费，当时易趣甚至想方设法不让买卖双方获得对方的联系方式。而淘宝网一开始就打出了免费大旗，声明所有服务都不收费。既然淘宝网可以免费开店，在 ebay 上的卖家都觉得不开白不开，不管有没有流量，都愿意把自己的店在淘宝网上再复制一家。此外，淘宝网又专门开发了阿里旺旺，极大方便了买卖双方直接交流。就这样，淘宝网通过免费汇聚了大量的卖家，有了卖家后，慢慢就有了买家。买卖双方进而发现，在淘宝网不但一切服务都是免费的，而且交流起来也远比 ebay 方便。于是淘宝网的<u>口碑</u>就这样慢慢建立起来了，买家和卖家的数量越来越多。面对这样的局面，ebay 却反应迟钝，迟迟没有推出对应的措施。直到淘宝网已经在市场份额上实现了对自己的反超，才<u>如梦方醒</u>，宣布降低收费标准，但为时已晚，<u>大势已去</u>了。

在与 ebay 激烈竞争的同时，淘宝网也在不断学习对方的优点，例如 ebay 的支付体系 paypal 被淘宝网学去，并发展成为<u>青出于蓝而胜于蓝</u>的支付宝体系。淘宝网的评价体系也源于 ebay，不过淘宝网根据中国市场的实际情况做了改进，它把 ebay 百分制的评分体系改进成星、钻、皇冠的阶梯式评分体系，这样一来可以更真实地反映卖家的诚信度，二来也让卖家有了向上发展的压力和动力，这套评价体系被证明<u>行之有效</u>，最后发展成了中国电商领域的行业标准。反观 ebay，在学习对手方面可以说是完全不及格。他们<u>自视甚高</u>，认为对方不是一个级别的对手，以至于根本不愿意<u>正视</u>对手的优点。殊不知电商行业更新换代非常快，新的经营理念<u>层出不穷</u>，一旦失去了学习的能力，也就意味着离失败不远了。

［根据电子工业出版社（2013）黄若《我看电商》第二章"淘宝和 Ebay 中国：关于那场战争"等素材改写］

生词

1. **耳熟能详**：听得多了，熟悉得能详尽地说出来；形容对某人或某事非常熟悉。

《三国演义》是中国人耳熟能详的经典小说。

2. **稚（zhì）嫩**：幼小、不成熟。

孩子稚嫩的小手

这么重的责任，不是他稚嫩的肩膀能承担的。

3. **佼（jiǎo）佼者**：超出一般水平的人。

能通过 HSK6 级的，都是留学生中的佼佼者。

4. **如虎添翼**：好像老虎长上了翅膀。形容强者又增添了某种优势，变得更强。

这支军队本来就很强大，现在有了新的武器，就更是如虎添翼了。

5. **黯（àn）然**：形容心里不舒服，情绪低落的样子。

知道事情已经完全没有希望了，他只好黯然离去。

6. **风光无限**：形容非常成功或非常有面子。

很多人觉得做老板能赚大钱、买大房子、开豪车，真是风光无限，其实未必是这样。

7. **水土不服**：对于新地方的气候条件或饮食习惯不能适应。

他刚来广州那几年，因为水土不服，人瘦了很多。

8. **换血**：比喻调整、更换组织里的人员。

今年球队进行了大换血，走了6名老球员，来了7名新球员。

9. **空降（jiàng）**：利用工具从空中降落到地面。也比喻从总部直接派高官下来。

马克从没来过中国，他是从总公司直接空降过来的。

10. **一意孤行**：不听别人的批评和劝告，固执地按照自己的意思做事情。

这件事情应该尊重大家的意见，不能一意孤行。

11. **日臻（zhēn）**：表示一天一天地达到（某种好的状况）。

经过多次修改，这份计划已经日臻完善了。

12. **与时俱进**：与时代一同前进，随着时代的发展而不断发展。

市场情况随时都在变化，不能与时俱进的公司都会被淘汰出局。

13. **口碑**：指大家对人或事物的口头评价。

这家饭店已经有几十年的历史了，口碑一直很好。

14. **如梦方醒**：好像刚从梦中醒来，比喻刚刚明白情况。

听了警察的介绍，李先生这才如梦方醒，明白自己被骗了。

15. **大势已去**：有利的形势已经失去，前途已经没有希望。

敌人眼看大势已去，只好匆忙逃走。

16. **青出于蓝而胜于蓝**："青"这种颜色是从蓝草中提取出来的，但颜色比蓝草更深。比喻学生胜过老师，后人胜过前人。也可以简单地说"青出于蓝"。

毕业十年，他的成就已经超过了老师，真是青出于蓝而胜于蓝。

17. **行之有效**：（方法、措施等）实行起来有效果。

事实证明，这种方法是行之有效的，应该推广。

18. **自视甚高**：把自己看得很高（身份、能力等方面）。

小明毕业于名牌大学，一向自视甚高，他是不会愿意来你们公司的。

19. **正视**：认真对待，不回避。

一个人如果想要进步，就必须学会正视自己的缺点。

20. **层出不穷**：连续不断地出现，没有穷尽（结束）的时候。

由于设计有缺陷，产品推出后各种各样的质量问题层出不穷。

重要句型

1. **更有甚者**，为了保证能收到中介费，当时易趣甚至想方设法不让买卖双方获得对方的联系方式。

更有甚者：表示"还有比这更严重的"。

（1）很多学生在上网络课程时不太认真，更有甚者，有的学生签了个到就躺回床上继续睡觉了。

（2）最近这段时间实在是太忙了，每天都要加班，更有甚者，有时还要熬夜到一两点钟才能下班。

2. 买卖双方**进而**发现，在淘宝网不但一切服务都是免费的，而且交流起来也远比 ebay 方便。

进而：表示递进关系，表示在已有的基础上进一步。

（1）我们要先打好语音基础，进而提高口语表达的能力。

（2）请你们先提出计划，进而讨论具体实施办法。

3. **反观** ebay，在学习对手方面可以说是完全不及格。

反观：表示"反过来看；从相反的角度来观察"，经常用来进行对比。

（1）对方球队刚坐了很久的飞机，非常疲劳，反观我队，已经休息了好几天，体力充足，这场比赛我们一定能赢。

（2）现在网络上的各种节目非常丰富，反观传统的有线电视，内容非常有限，难怪越来越多的人已经放弃了交电视费。

4. 他们自视甚高，认为对方不是一个级别的对手，**以至于**根本不愿意正视对手的优点。

以至于：用在下半句话的开头，表示由于上文所说的动作、情况的程度很深而形成的结果。

（1）我对这首诗印象深刻，以至于30多年了还能随口背出。

（2）大家的变化太大了，以至于有的老同学我已经认不出来了。

综合练习

一、根据课文内容，选择正确答案。

1. 下面几个关于课文内容的描述，有错误的是（　　　　）

A. 2006 年，淘宝网在中国市场的份额已经超过了 ebay。

B. 亚马逊比 ebay 更早进入中国市场。

C. ebay 收购易趣网之后一年，淘宝网成立了。

D. 2004 年，卓越网成为亚马逊的子公司。

2. 课文中提到的在中国市场失败的国际电商巨头不包括（　　　　）。

A. 亚马逊

B. 乐天

C. 贝塔斯曼

D. 谷歌

3. 下面哪个词语，在课文中不是用来形容中国电商企业的？（　　　　）

A. 青出于蓝而胜于蓝

B. 稚嫩

C. 风光无限

D. 与时俱进

4. ebay 在中国市场输给淘宝网的原因不包括（　　　　）

A. 不愿意学习对方的优点。

B. 坚持全球统一标准。

C. 宣布降低收费标准。

D. 对中国本土高管不够信任。

二、根据意思写出课文中对应的词语。

1. 连续不断地出现，没有穷尽的时候。　　　　　　　　　　（　　　　）

2. 比喻学生胜过老师，后人胜过前人。　　　　　　　　　　（　　　　）

3. 对于新地方的气候条件或饮食习惯不能适应。　　　　　　（　　　　）

4. 正好生在这个好时代。　　　　　　　　　　　　　　　　（　　　　）

5. 表示一天一天地达到（某种好的状况）。　　　　　　　　（　　　　）

6. 比喻对新事物进行培育、培养，使其发展。　　　　　　　（　　　　）

7. 形容将来的前景如何难以预料。　　　　　　　　（　　　　　　）

8. 不听别人的批评和劝告，固执地按照自己的意思做事情。（　　　　　）

9. 与时代一同前进，随着时代的发展而不断发展。　　（　　　　　　）

10. 超出一般水平的人。　　　　　　　　　　　　　（　　　　　　）

三、选词填空。

稚嫩　行之有效　日复一日　迎合　如梦方醒

正视　换血　耳熟能详　如虎添翼　垂青

1. 厂商不断地推出新产品，以_____顾客的需求。

2. 对这家公司来说，能请到张教授这样的著名专家加入，简直是_____。

3. 新教练刚上任，第一件事情就是对球队进行大_____，原来的老球员基本上都走光了。

4. 他_____地坚持锻炼，所以身体非常健康。

5. 小明刚从大学毕业，还没有什么工作经验，做事情显得很_____。

6. 张洋的演说激情澎湃，也让他获得了投资者们的_____。

7. 要想取得好成绩，只靠努力是不够的，还需要找到_____的学习方法。

8. 经过警察的耐心解释，老张终于_____，知道自己被人骗了。

9. 只有勇于_____自己的缺点，才能够改正错误，不断进步。

10. 牛郎、织女的传说，是很多中国人从小_____的故事。

四、造句。

1. 更有甚者

2. 进而

3. 反观

4. 以至于

五、根据课文内容填空。

中国有一大批世界级的电子商务企业，淘宝网、天猫、京东、拼多多……这些都是大家现在已经＿＿＿＿＿＿＿＿＿的名字。这些电商巨头的历史大都不是很长，发展的速度却非常惊人。

不过虽然这些中国电商企业现在＿＿＿＿＿＿＿＿，但他们的发展也并不是轻轻松松的，在他们还非常＿＿＿＿＿＿＿的时候，就面临着国际电商巨头的强力竞争。当时ebay、亚马逊等都对中国市场虎视眈眈，希望能在这个全球最大的市场中分一杯羹。这些国际巨头既有资金又有经验，还吸收了本土业界的＿＿＿＿＿＿＿＿，更是＿＿＿。不过中国电商企业也有自己的优势，他们对中国市场更为熟悉，而且经营手段更加灵活，各种各样的新理念、新做法＿＿＿＿＿＿＿＿。而＿＿＿＿＿＿＿＿他们的对手，一方面确实有经验，另一方面却也被这些经验所限制，不能做到因地制宜，＿＿＿＿＿＿＿。而且国际电商巨头们＿＿＿＿＿＿＿＿，不愿意去了解中国消费者的需求，＿＿＿＿＿＿＿＿而来的外籍高管又不愿意听取中国同事的意见，而是＿＿＿＿＿＿＿地盲目照搬美国的一套东西。结果这套东西在中国市场上＿＿＿＿＿＿＿＿，不但没有吸引到新的消费者，连原来的老客户也都纷纷转投＿＿＿＿＿＿＿越来越好的淘宝等中国电商企业的怀抱了。

国际电商巨头＿＿＿＿＿＿中国的另一个原因，是因为他们不肯＿＿＿＿＿对手的优点，虚心向对方学习。中国电商企业很善于向国际电商巨头学习，并且＿＿＿＿＿＿＿而胜于蓝，创造出了很多在中国市场＿＿＿＿＿＿＿＿的新方法、新体系。而国际电商巨头却一直不肯放下架子向中国同行学习，电商行业更新换代非常快，一旦失去了学习的能力，离失败就不会太远了。最后，国际电商巨头们也只能接受失败的现实，＿＿＿＿＿＿＿＿退出中国市场。

六、成段表达练习。

根据课文内容，用自己的话复述一下国外电商巨头在中国市场发展和失败的经过，并总结失败的原因。请把上面的内容写下来，字数要求：200~300字。

📖 **补充阅读**

"双十一" 是怎么开始的

11月11日本来是个普通的日期，但从2009年开始，这个日期被电商赋予了全新的含义，"双十一购物狂欢节"（简称"双十一"）就此横空出世。经过十几年的发展，"双十一"已经成为中国电子商务行业的年度盛事，也成为全民狂欢的节日。据统计，"双十一"自从创办以来，成交额逐年上升。2019 年"双十一"全天成交额为 2 684 亿元人民币，再次创下新纪录。作为对比，另一个著名的电商促销活动，美国的"黑色星期五"在 2019 年的成交额仅为 74 亿美元，虽然也创下了自己的最高纪录，但与"双十一"相比只能算是小巫见大巫了。

"双十一"的火热，可以算是中国电子商务蓬勃发展的一个缩影。不过它在刚刚起步时，可没有现在这么风光。

让我们把时钟拨回到 2009 年。那时候 11 月 11 日还只是一个普通的日子，虽然有些人把这一天戏称为"光棍节"，但也只限于年轻人的圈子里，影响并不大，大多数人对这个日子并没有什么特别的印象。

当时的淘宝正在迅猛发展的过程中，不过还远远没有达到现在这种规模，在消费者心中的形象也总是跟"假货"联系在一起。为了进一步扩大影响，打造品牌形象，2009 年下半年，淘宝的管理团队计划做一个网上的购物节。在选择时间的时候，有人看中了 11 月 11 日这个日子。为什么会选中 11 月呢？因为 11 月正好是时令变换的时候，中国的南方开始进入深秋，北方已经进入冬季，人们需要采办的东西特别多，衣服、棉被都得换厚的，连拖鞋都得换成棉拖。而且前面的 10 月份有黄金周，后面的 12 月份有圣诞节和新年，都是比较大的消费高峰，11 月份却没有什么节日，是传统的消费低谷，潜力很大。选择 11 月 11 日，则是因为这个日子本身已经有一定的话题性，时间也很好记。所以淘宝就确定了把这一天作为网上购物节的日期，当时他们的宣传主题是"光棍节没事干，就多买点东西吧"。

"光棍节大促销"就这样定下来了，淘宝的管理团队开始与商家沟通，希望他们在那一天搞一次集体促销，全店五折，还要包邮。没想到绝大多数的商家拒绝了他们的建议，最后只有区区 27 家商户愿意参与。淘宝也有些失望，不过箭在弦上，不得不发。就这样，第一届"双十一"在大家并没有抱多大期望的情况下上线了。

2009 年 11 月 11 日当天，促销活动准时开始。当时担任淘宝团队负责人的张勇后来回忆说，他自己都不觉得有重要的情况会发生，所以一大早就按计划出差去了北京。谁知，仅仅过了一个上午，商家们准备的货就几乎被网友们一扫而空，很多商家不得不从线下商店紧急调货到网上卖。无论是淘宝团队还是商家都没有想到，互联网的聚合力量如此强大，参与的商家赚得盆满钵满，当初拒绝淘宝的商家则后悔得捶胸顿足。到这一天结束，淘宝商城的交易额居然突破了 5 200 万元，是当时日常交易额的 10 倍，这个成绩大大超出了所有人的预期。

就这样，中国电商史上的一个标志性事件发生了，"光棍节"十分意外地摇身一变，成了亿万网民的狂欢节日。

（根据百度文库《双十一的由来》等素材改写）

请回答下列问题。

1. "双十一"是一个什么样的活动？它在电子商务界有什么样的成就和地位？

_____

_____

2. 淘宝为什么选择这一天作为促销活动的日期？

_____

_____

3. 第一次"双十一"活动的情况是怎样的？

_____

_____

商务知识

电子商务的主要模式

电子商务是指以信息网络技术为手段，以商品交换为中心的商务活动，也可理解为是传统商业活动各环节的电子化、网络化和信息化。广义上来说，以互联网为媒介的商业行为都属于电子商务的范畴。

电子商务是一个不断发展的概念。随着电子商务应用领域的不断扩大和信息服务方式的不断创新，电子商务的模式也层出不穷。不过按照主流的看法，电子商务主要可以分为三种模式：B to C、B to B 和 C to C。这里的 B 代表 Business，也就是企业（商家），C 代表 Consumer 或 Customer，都是消费者的意思，上面的分类涵盖了企业和消费者通过电子信息手段进行商务活动的三种主要模式。

B to C 是指企业与消费者之间的电子商务（Business to Consumer/Customer，常简写为 B2C），企业通过网络直接将产品或服务销售给个人消费者，在这种模式下，企业可以绕过第三方零售商、批发商或中间商，直接向消费者销售产品。B2C 是最早出现的一种电子商务模式，也是普通消费者最熟悉的一种，它实际上可以看作传统零售模式的电子化和网络化。这种模式节省了企业和消费者的时间和空间，大大提高了交易效率，因而广受欢迎。国际上的亚马逊，中国的京东商城、天猫等都是这种电子商务模式的代表。

B to B 是指企业与企业之间的电子商务（Business to Business，常简写为 B2B），企业可以使用互联网寻找最佳合作伙伴，完成从定购到结算的全部交易行为。企业间电子商务（B2B）的实施可以帮助企业降低采购成本和库存成本，节省周转时间，扩大市场机会。B2B 是应用最多和最受企业重视的电子商务模式，据统计，B2B 交易金额占整体电子商务市场份额的 85% 左右。在中国，慧聪网和阿里巴巴旗下的 1688 都是这种电子商务模式的代表。

C to C 是指消费者与消费者之间的电子商务（Consumer/Customer to Consumer/Customer，常简写为 C2C），例如一个消费者有一部闲置的旧手机，他可以通过专门的网络平台，把它卖给另外一个消费者，这种交易类型就称为 C2C。C2C 模式中除了买卖双方外，还包括电子交易平台供应商，交易者需要借助双方都信任的电子交易平台才能完成交易。在 C2C 模式中，交易平台提供商往往还承担监督和管理的职责，负责对买卖双方的诚信进行监督和管理，负责对交易行为进行监控，最大限度地避免欺诈等行为的发生，保障买卖双方的权益。随着 C2C 模式的不断成熟发展，电子交易平台供应商还能够为买卖双方提供保险、借贷等金融类服务，更好地为买卖双方服务。C2C 模式的代表，在国际上是 ebay，在中国主要是闲鱼这个平台。

（根据 MBA 智库百科"电子商务"条目改写）

请回答下列问题。

1. 什么是电子商务？

_____

_____

2. 电子商务主要可以分为哪几种模式？B 和 C 分别代表什么意思？

_____

_____

3. 电子商务每一种模式的特点是什么？代表企业有哪些？

_____

_____

电子商务企业调查

商务实践

活动内容：

1. 将学生按国别分成小组，每组 3 ~ 5 人，如果同一个国家的学生人数较多，则分拆为多个小组，如果某个国家的学生人数较少，也可以自成小组。

2. 每个小组通过网络查找资料、发送邮件、访问相关人员等方式，对本国重要的电子商务企业进行调查，调查的内容主要包括：该电子商务企业的类型（B2C、B2B 还是 C2C）、主要经营业务、历史、特点等，调查之前先准备好大纲，然后按照大纲开始进行调查。

3. 各小组之间应互相协调好，避免出现多个小组调查同一家企业的情况。

4. 调查结束后，小组撰写调查报告，并准备好 PPT，介绍本小组所调查的结果。PPT 的内容除了介绍客观事实外，还需要提出自己的观点和看法。

5. PPT 完成后，在班级上进行公开展示及讨论，学生结合 PPT 内容共同讨论不同电子商务模式的特点。

11

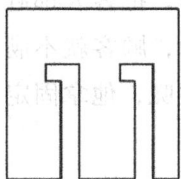

第十一课 企业管理

化的有……

积极……形……

1. 你心目中成功的老板是什么样的人？
2. 怎样才能做一个成功的老板？
2. 你认为企业管理最重要的是什么？

🔷 学习目标

1. 了解优秀的管理者应具有的素质。
2. 会分析企业管理案例。
3. 学习企业管理的方法和技巧。

商务故事

一碗牛肉面

我跟朋友在路边一个不起眼的小店里吃面，由于客人不多，我们就顺便和老板聊了会儿。谈到如今的生意，老板感慨**颇**多。他曾经**辉煌**过，那是生意最好的时候，他在闹市口开了家拉面馆，**日进斗金**，后来却没做了。朋友**纳闷**地问他为什么。

"现在的人心眼贼呢！"老板说："我当时雇了个会做拉面的师傅，但在工资上总也谈不拢。""开始的时候为了调动他的积极性我们是按销售量分成的，一碗面给他5毛的提成。经过一段时间，他发现客人越多他的收入也越多，这样一来他就在每碗里放超量的牛肉来吸引回头客。一碗面才四块，本来就靠**薄利多销**，他每碗多放几片牛肉我还赚哪门子钱啊！"

"后来看看这样不行，钱全被他赚去了！我就换了种分配方式，给他每月发固定工资，工资给高点也无所谓，这样他不至于多加牛肉了吧？因为客多客少和他的

收入没关系。"

"你猜怎么着？"老板有点激动了："他在每碗里都少放许多牛肉，把客人都赶走了！""这是为什么？"现在开始轮到我们激动了。"牛肉的分量少，顾客就不满意，回头客就少，生意肯定就清淡。他（大师傅）才不管你赚不赚钱呢，他拿固定的工资**巴不得**你天天没客人才清闲呢！"

一个很好的项目因为管理不善而**黯然**退出市场，尽管被管理者只有一个。

生词

1. **颇**（pō）：很、非常。

颇为　颇多

2. **辉煌**（huīhuáng）：指非常优秀、出色的。

事业辉煌　辉煌的人生

3. **日进斗**（dǒu）**金**：一天能收进一斗黄金。形容钱财广进，获利很多。

祝你的店新的一年红红火火，日进斗金。

4. **纳闷**（nàmèn）：感到疑惑、惊奇。

放在桌子上的笔不见了，我很纳闷。

5. **薄**（bó）**利多销**：用低价卖出商品来提高销售量，增加总收益。

这家小店薄利多销，有不少的回头客。

6. **巴不得**：迫切地盼望。

他巴不得明天早上就回广州。

思考

1. 这家面馆管理不善的原因是什么？

2. 如果你是老板，你会怎么做？

远离企业管理中的三只"猫"

管理者在工作中，要远离三只猫：一个是**绩效**考评中不能养的"猫"，一个是解决问题时不能碰的"猫"，还有一个是遇事不顺时不能让员工踢的"猫"。

一、绩效考评中不能养的"猫"

有一个主人，养了一只猫，养了一条狗。当主人不在家的时候，狗打起精神看家护院，而那只猫只知道睡懒觉。当主人回来的时候，那条狗已经累得不行，知道主人回来后家里不会有贼了，于是倒在地上睡觉。那只睡醒的猫，伸一下懒腰，开始极尽能事地**讨好**主人。主人越来越喜欢猫，越来越讨厌狗，于是就把狗的口粮给**克扣**了，把好吃的都给了猫。狗越来越瘦，猫越来越肥，猫肥得捉不了老鼠，主人开始抱怨狗不帮猫捉老鼠，最后把狗赶出了家门。狗走的时候**一步三回头**，不知道自己为什么被赶走。

狗的**职责**是看家，无论在主人面前的表现如何，家里没有被贼偷的结果说明成绩是好的；而猫的职责是捉老鼠，无论在主人面前的表现如何，家里老鼠**泛滥成灾**的结果说明成绩是差的。

在企业中，有些管理者对待自己的下属，就像这个主人一样，不了解事情的真相，只关注行为，不关注结果。这样的做法，使得那些**兢兢业业**在企业中努力工作的人受到了不公平的待遇，而那些**当面一套背后一套**，擅做表面文章又没有做出实际业绩的人却是要风得风要雨得雨。这样做的结果就使得那些真正为企业做实事的人缺少了工作的热情，从而影响到企业的绩效。

所以，在绩效考评中，别养这样的"猫"。

二、解决问题时不能碰的"猫"

有一个地方，有一群老鼠，每天快乐地生活着。突然有一天来了一只猫，使得老鼠不得安宁，想解决又解决不掉，怎么办？老鼠们开会讨论，有一只老鼠说："如果猫的脖子上有一个铃铛，来的时候'当、当、当'，我们提早做准备就**万无一失**了。"老鼠们公认这是一个好主意。但是接下来的问题是：谁去给猫的脖子上挂铃铛？去一个**牺牲**一个，去两个牺牲一双，都去了就**全军覆没**。

"猫"的问题，是人们已经意识到了那是问题，是真正意义上的问题，但也是

无能为力解决的问题。既然如此，就不要在"猫"的问题上下功夫了。如：竞争对手出了什么新的产品、哪些资源属于不可再生资源、自己喜欢的奶酪已经丢失之类的问题都属于这类问题。

这样的问题不能碰，也不要再抱怨，牛奶已经洒到地上了，抱怨也**无济于事**，对于这样的问题，必须从其他的地方寻找**突破口**。企业管理中，要放对工作重心，不要把精力放在**无谓**的事情上，那些客观的无法解决的问题，就不要再碰了。

所以，解决问题的时候，不能碰的"猫"的问题，别碰！

三、遇事不顺时不能让员工踢的"猫"

有一个总经理，早晨起来跟太太吵架了，心情非常不好地到了公司。副总来汇报工作，工作没做好，总经理冲副总发脾气。副总挨了批评，很**郁闷**，正好车间主任来汇报工作，工作也没做好，副总就冲车间主任发脾气。车间主任挨了批评，便去车间找员工的麻烦。员工**无端**挨了批评，一整天都不爽，回到家里之后，家里的猫来讨好这位员工。这位员工冲着猫，狠狠地踢了一脚，还恶狠狠地吼道："一边去！"

不良的情绪会传递，这就是企业管理中著名的"踢猫"理论。作为管理者，带队伍的时候要学会**排除**不良情绪，不良情绪是我们对于外界环境中不好事件的不当回应，情绪的好与坏是我们选择的结果。任何事情都有两个方面，如果只看到不好的方面就会悲观消极，只看到好的方面就会盲目乐观。"**星星之火，可以燎原**"的观点就是**顾及**了两个方面：看到不利的一面，但是心态上一定要积极。

作为管理者遇到不顺心事情的时候，清楚了不良情绪排除的做法，就不会轻易地将不良情绪转嫁给下属，这样团队的积极性才得以稳定。

所以，遇到不顺心事情的时候，不要让员工回家踢"猫"。

愿这三只猫，尽量不出现在你我的工作中。

生词

1. **绩效**：成绩；成效。
这家公司设立了绩效奖金，大大提高了员工的工作积极性。

2. **讨好**：为得到别人的好感和喜欢而故意迎合别人。
他为了升职，每天抓住一切机会讨好老板。

3. **克扣**：扣下或减少（应该发给的数量）。
　克扣工资　克扣财物
这家工厂克扣工人的工钱，工人们集体罢工。

4. **一步三回头**：指舍不得，不忍分别。

离开家的时候，他一步三回头，眼泪忍不住地流下来。

5. **职责**：职务和责任。

工作职责　履行职责

我们都应该认真履行工作职责。

6. **泛滥（fànlàn）成灾**：指某种事物很多，多到了影响生活的情况。

要严厉打击假货，不能让它泛滥成灾。

7. **兢（jīng）兢业业**：形容做事小心谨慎，认真踏实。

他工作兢兢业业，从不偷懒。

8. **当面一套背后一套**：当面说的一样，背后说的又是另一样。比喻表里不一，口是心非。

做人最重要的是不能当面一套背后一套。

9. **万无一失**：指非常有把握，绝对不会出错。

保密工作必须做到万无一失。

10. **牺牲（xīshēng）**：为正义事业献出自己的生命，也指为一方利益而放弃、损害另一方的利益。

为国牺牲　牺牲生命

人需要有一颗牺牲私利的心。

11. **全军覆没（fùmò）**：整个军队全部被消灭。比喻事情彻底失败。

他把所有的积蓄拿去买股票，没想到全军覆没。

12. **无能为力**：用不上力量，帮不上忙。指没有能力或能力不够。

这件事我真的无能为力，只能顺其自然了。

13. **无济（jì）于事**：对事情没有什么帮助和好处。比喻解决不了问题。

要救公司需要一大笔资金，你提出的方法根本无济于事。

14. **突破口**：攻破难关的关键点。

寻找突破口　打开突破口

15. **无谓**：没有意义。

无谓的牺牲　无谓的事情

16. **郁闷（yùmèn）**：指心情烦闷，不舒畅。

心情郁闷　感到郁闷

17. **无端**：没有来由。

无端怀疑　无端生事

18. **排除**：消除、除掉。

排除困难　排除故障

19. **星星之火，可以燎原**：小火点可以引起大火，烧掉整个草原。

小钱积成万，粒粮堆成山，星星之火，可以燎原。

20. **顾及**：照顾到；注意到。

顾及家庭　顾及面子　顾及生意

重要句型

1. 那只睡醒的猫，伸一下懒腰，开始**极尽能事**地讨好主人。

极尽能事：用尽自己的一切力量。

极尽……（之）能事：指为达到某一目的，采取一切可以采用的手段。通常用于贬义的语境中。

如：极尽夸张之能事　极尽奢华之能事　极尽造谣之能事

（1）消费者投诉产品质量问题，这家公司极尽能事地逃避自己的责任。

（2）为了得到这个职位，他在老板面前极尽讨好之能事。

2. ……而那些当面一套背后一套，擅做表面文章又没有做出实际业绩的人却是**要风得风要雨得雨**。

要风得风要雨得雨：要什么就能得到什么，形容人的本事或者权力很大，想要什么都能办到。

要……得（有）……：指要什么就能得到（有）什么。

（1）她们经过多年的努力，在事业上获得了不可撼动的地位；在生活上，获得了美满的家庭，可以称得上要风得风要雨得雨。

（2）你要学历有学历，要经验有经验，一定会面试成功的。

3. "猫"的问题，是人们已经意识到了那是问题，**是**真正意义上的问题，但**也是**无能为力解决的问题。

……是A，是B，也是C："是"为并列关系关联词，A、B、C为并列关系。

（1）童年是美好的，是有趣的，也是难忘的。

（2）养成好习惯是良好生活的体现，是美好生活的基础，也是一个人素养的表现。

4. **既然如此**，就不要在"猫"的问题上下功夫了。

既然如此，（那么）就……：既然、已经这样，那么就……

（1）既然如此，今天的晚宴就由你代我去吧。

（2）既然如此，就不要再和这家公司合作了。

综合练习

一、根据课文内容，选择正确答案。

1. 下列哪项不属于课文中提到的管理中要远离的"猫"：（　　　　）

A. 当面一套背后一套的猫。

B. 解决问题时不能碰的猫。

C. 吃着碗里看着锅里的猫。

D. 传递不良情绪的猫。

2. 文中提到企业管理要远离第一种猫，理由是（　　　　）【多选】

A. 这种猫擅做表面文章又没有做出实际业绩。

B. 这种猫会让努力工作的人受到不公平的对待。

C. 这种猫会影响其他人的工作热情。

D. 这种猫对企业没有危害。

3. 文中提到企业管理要远离第二种猫，正确的做法是（　　　　）【多选】

A. 找对工作重心。

B. 解决全部问题。

C. 不要把精力放在无谓的事情上。

D. 避开无法解决的客观问题。

4. 文中提到管理者为什么要管好第三种猫？（　　　　）

A. 第三种猫很危险。

B. 第三种猫会影响团队情绪，从而影响团队的积极性。

C. 第三种猫很难管。

D. 第三种猫在企业中不常见，很难发现。

二、根据意思写出课文中对应的词语。

1. 指非常有把握，绝对不会出错。　　　　　　　　　　（　　　　　　　）

2. 用不上力量，帮不上忙。指没有能力或能力不够。　　（　　　　　　　）

3. 整个军队全部被消灭。比喻事情彻底失败。　　　　　（　　　　　　　）

4. 指舍不得，不忍分别。　　　　　　　　　　　　　　（　　　　　　　）

5. 指某种事物很多，多到了影响生活的情况。　　　　　（　　　　　　　）

6. 小火点可以引起大火，烧掉整个草原。　　　　　　　（　　　　　　　）

7. 当面说的一样，背后说的又是另一样。比喻表里不一，口是心非。

                                    （   ）

8. 形容做事小心谨慎，认真踏实。（　　　　）

9. 对事情没有什么帮助和好处。比喻解决不了问题。（　　　　）

10. 攻破难关的关键点。（　　　　）

三、选词填空。

讨好　克扣　无谓　无端　顾及　排除
无能为力　无济于事　兢兢业业　万无一失

1. 这件事只有交给他办，才能_____。

2. 我们不要进行_____的争论了，还是干点实事吧。

3. 他每天除了工作还是工作，没有时间_____女儿。

4. 这个老板平日里除了逼迫工人加班，居然还_____福利。

5. 他这样拼命地_____上司，一定是别有用心。

6. 我很想帮忙，可惜实在_____。

7. 面对客户的_____责骂，经理耐心地不断解释。

8. 学习成绩差，家长要耐心辅导，打骂是_____的。

9. 通过张师傅的修理，这台机器的故障很快就被_____了。

10. 年轻人只要_____地工作，总有成功的一天。

四、造句。

1. 极尽……（之）能事

2. 要……得（有）……

3. ……是A，是B，也是C

4. 既然如此，（那么）就……

五、根据课文内容填空。

有一个主人，养了一只猫，养了一条狗。当主人不在家的时候，狗打起精神看家护院，而那只猫只知道睡懒觉。当主人回来的时候，那条狗已经累得不行，知道主人回来后家里不会有贼了，于是倒在地上睡觉。那只睡醒的猫，伸一下懒腰，开始_____地_____主人。主人越来越喜欢猫，越来越讨厌狗，于是就把狗的口粮给_____了，把好吃的都给了猫。狗越来越瘦，猫越来越肥，猫肥得捉不了老鼠，主人开始抱怨狗不帮猫捉老鼠，最后把狗赶出了家门。狗走的时候_____，不知道自己为什么被赶走。

狗的_____是看家，无论在主人面前的表现如何，家里没有被贼偷的结果说明成绩是好的，而猫的职责是捉老鼠，无论在主人面前的表现如何，家里老鼠_____的结果说明成绩是差的。

在企业中，有些管理者对待自己的下属，就像这个主人一样，不了解事情的真相，只关注行为，不关注结果。这样的做法，使得那些_____在企业中努力工作的人受到了不公平的待遇，而那些_____，擅做表面文章又没有做出实际业绩的人却是_____。这样做的结果就使得那些真正为企业做实事的人缺少了工作的热情，从而影响到企业的绩效。

所以，在绩效考评中，别养这样的"猫"。

六、成段表达练习。

根据课文内容，用自己的话复述一下企业管理中要远离的三只猫的故事，谈谈这个故事带给你的启示，思考企业管理中除了课文提到的三只猫外，是否还有其他需要远离的猫。请把上面的内容写下来，字数要求：300 字左右。

补充阅读

肯德基的特殊顾客

美国肯德基国际公司的子公司遍布全球 60 多个国家，达 9 900 多个。然而，肯德基国际公司在万里之外，怎么能相信他的下属都能循规蹈矩呢？

一次，上海肯德基有限公司收到了 3 份总公司寄来的鉴定书，对他们外滩快餐厅的工作质量分 3 次鉴定评分，分别为 83 分、85 分、88 分。公司中方、外方经理都为之瞠目结舌，这三个分数是怎么评定的？原来，肯德基国际公司雇佣、培训一批人，让他们假装顾客潜入店内进行检查评分。

这些"特殊顾客"来无影，去无踪，这就使快餐厅经理、雇员时时感到某种压力，丝毫不敢疏忽。

很多企业，员工与老板经常打游击战。当老板在的时候，就装模作样，表现卖力，似乎是位再称职不过的员工了；而等老板前脚刚走，底下的人就在办公室里大闹天宫了。很多老板，会在这个时候杀个回马枪，嘿嘿，刚好将其逮个正着。不过，这样也不是个长期办法，老板也没有这么多精力去跟员工玩这样的游戏，主要还是制度的确立。如果建立了一套完善的制度，让员工意识到，无论任何时候都必须认真工作，那么员工就不会钻空子偷懒了。

人做一次自我检查容易，难就难在时时进行自我反省，时时给自己一点压力、一点提醒。公司管理者就需要充当这个提醒者，时时给他们一点压力、一点动力，以保持员工坚持不懈的进取心。

经理的最大考验不在于经理的工作成效，而在于经理不在时员工的工作时效。

请回答下列问题。

1. 肯德基国际公司是怎么鉴定上海肯德基有限公司的工作的？

_____

_____

2. 员工是怎么与老板打游击战的？

_____

_____

商务知识

四视成就卓越的管理者

会做人才能做好管理。最好的商业领袖决不是技术的权威，而是充满人格魅力的心灵导师。他像一座耀眼的灯塔，引领企业甚至行业发展的方向。"四视"法则，是他们通用的法宝。

对人仰视。所谓对人仰视，就是无论身在何职，都要对每个人充满尊敬之心。工作没有高低贵贱之分，只有责任大小不同。无论是对企业的核心员工，还是对看起来很次要的员工，比如工勤人员，都要充满感激之情。他们在平凡的岗位上发挥着不可或缺的作用，少了他们，企业的工作环境会变得狼狈不堪。

对事俯视。事有大小，事有因由。无论是做人做事做领导，都应该以一种俯视的方式处理事情。只有这样，才能做到分清事情的轻重缓急，抓住主要的事情解决；才能找出事情之间的联系，使事情得到圆满解决。

对物平视。每个企业都离不开物的支持，大到厂房设备，小到办公纸笔，都在此列。好的领导，善于发挥每件物品的作用，既不浪费，又不吝啬，使物在促进企业发展上做出最优的贡献。好的领导，提倡节约，更提倡发展。

对财轻视。君子爱财，取之有道。除去应当拒绝不义之财外，更应该拒绝不适合自己的财。当初，IBM 做流程再造时，重金聘请通用总裁杰克·韦尔奇，虽然薪酬比通用的更加诱人，他却婉言拒绝。因为他知道，他更适合通用。但是，很多人在选择岗位时，特别是职业经理人，往往把待遇看成了单一的衡量标准，结果选择了不适合自己的行业，不但损害了企业的发展，更断送了自己更广阔的前程。

君子有曰，修身、齐家、治国、平天下。"四视"定能使管理者出类拔萃，成就辉煌。

请回答下列问题。

1. 什么是"四视"法则？

_____

_____

2. 你认为成为一位卓越的管理者，除了上述方法，还有哪些？

_____

_____

企业管理考察实践

商务实践

活动内容：

1. 将学生分为 2～3 人一组，选择某一企业进行管理考察实践。学生以小组为单位，分散到企业各部门，了解学习各部门的管理模式。

2. 实践前，了解企业管理的相关词汇及专有名词等，各组可通过互联网等查询资料，收集企业相关信息，确定考察内容和分工。

3. 进入企业后，各组认真观察了解各部门的日常工作内容和管理模式，积极协助工作人员处理各项事务，同时善于发现问题，观察该部门日常管理中是否存在不足之处。

4. 实践结束后，召开企业管理考察实践经验分享会。各小组可通过制作 PPT 或者视频等方式，介绍本小组此次实践的相关情况，内容包括：实践部门基本情况、工作内容、管理模式、人员情况、管理中的亮点或存在的问题和不足之处、相关行业词汇、自己的感受和体验、对该部门的管理建议等。

5. 各小组介绍完成后，组织集体讨论，学生共同讨论企业管理的常见模式、管理中常出现的问题及有效的解决方法等，尝试提出企业管理的创新模式。

12

第十二课　商务信函

课前讨论

1. 现代社会商务联系的主要方式有哪些？
2. 生意人之间一般通过商务信函联系什么事情？
3. 商务信函与一般的私人信函有何异同？

学习目标

1. 读懂常用的商务信函。
2. 了解商务信函的格式要求。
3. 运用常用的商务信函词语和句式撰写商务信函。

商务故事

卖掉埃菲尔铁塔

众所周知，埃菲尔铁塔是巴黎的标志。每年都有数十万游客到此参观，其中蕴藏了巨大的商机。曾经就有一个骗子**围绕**埃菲尔铁塔策划了一场惊天骗局，并且完美脱身。

1925 年，巴黎市政府为了筹集埃菲尔铁塔的维护费再次伤透了脑筋。在一次记者会上，大家讨论到了这个问题。一位记者幽默地说道："那我们是不是可以考虑把塔给拆了，废铁还能卖不少钱呢！"大家**哄堂大笑**。但是，这句话最终被一份报纸登了出来，并被一个叫维克多的人看到了。于是，"卖掉埃菲尔铁塔"的疯狂念头在维克多的脑海中诞生！

在一位擅长**伪造**公文的朋友的帮助下，维克多先是伪造了印有政府**抬头**的信纸，然后分别给 5 个巴黎最大的废品收购商人写信，请他们吃饭，并再三叮嘱他们要对外人保密。晚餐地点选在一家非常高档的餐厅，5 位商人见到了这位政府来的"副部长"。"副部长"出示了盖着**印章**的政府文件，并神秘地说道："相信大家对最近埃菲尔铁塔维护费用的事情都有所耳闻，我此次前来就是向大家宣布埃菲尔铁塔即将拆除的消息。7 000 吨的钢材将卖给出价最高者！不过呢，由于铁塔太受市民热爱，所以这次行动不能太过**声张**。"

几位商人半信半疑地交换了一下眼神。这一切都被维克多看在了眼里，他当即宣布将于次日带着 5 位商人"参观一下"铁塔。第二天，维克多果然带着 5 位商人来到了铁塔下面。在售票处，参观的人们**一如既往**地排起了长队。维克多根本没有理会排队的人，直接走到验票处出示了一下"证件"，说："这 5 位先生是和我一起的。"然后就把 5 位商人带到了塔上参观了整整一天。

警惕性再高也抵挡不了一夜暴富的诱惑，商人们生怕下手晚了，被其他 4 人抢走了生意。当天晚上，维克多就收到了第一笔**贿赂**。随后，商人就再也联系不上这位"副部长"大人了。因为维克多早就拿着这笔钱**远走高飞**了。奇怪的是商人竟不敢向警察报案，因为在法国私自买卖国家财产是重罪，谁敢报案的话，就离坐牢不远了。

（节选自搜狐网 2018 年 1 月 22 日文章《世界十大骗局之一，卖掉埃菲尔铁塔》，有删改）

生词

1. **围绕**：以某个问题或事情为中心。

围绕这一问题，同学们展开了热烈的讨论。

2. **哄堂大笑**：形容全屋子的人同时大笑。

他在讲台上说错了一句话，立刻引起哄堂大笑。

3. **伪造**：假造以欺骗别人。

他竟然拿着伪造的资格证书来参加应聘。

4. **抬头**：信件、票据上写的户头，即单位名称。

请在发票上正确填写公司抬头。

5. **印章**：图章，用作取信之物。

商务信函，一般应加盖单位的印章才能生效。

6. **声张**：把消息、事情等传出去。一般使用否定形式"不声张""别声张"等。

此事天知、地知，你知、我知，别声张。

7. **一如既往**：完全像过去一样。既往：过去，过去的事。

我会一如既往地支持你们的工作。

8. **贿赂**（huìlù）：动词，用金钱、实物收买他人（做坏事）；名词，用以收买别人的金钱、实物。

用财物去贿赂别人是违法行为。

9. **远走高飞**：形容跑到很远的地方去，也指摆脱困境去寻找出路。

你不能遇到一点点困难就远走高飞吧！

> **思考**
>
> 1. 维克多是如何给商人们写信的？
>
> 2. 维克多的骗局为什么能够成功？这说明商务信函有什么重要特征？

核心课文

商务信函

商务信函是企业用于联系业务、商谈交易事项的信件。跟一般信件相比，商务信函有以下几个特点：

第一，结构简单，内容单一。以商品交易为目的，以交易商谈为内容，不涉及与商品交易无关的事情。以"一函一事"为原则，即一份商务信函基本上只涉及一项交易。

第二，语言简洁，表达准确。以说明为主，<u>言简意赅</u>。因涉及交易双方的经济利益，任何数字、词语均要求准确无误、没有<u>歧义</u>。

第三，格式固定，符合标准。要求使用信函的标准格式，依次包括称呼、正文、结尾、<u>署名</u>、日期等几个部分。

商务信函一般可分为建立业务联系函、交易磋商函和争议索赔函三种。

所谓建立业务联系函，是指交易双方为建立业务联系而向对方发送的信函，信函的主要内容是向对方介绍自己公司的相关情况；所谓交易磋商函，是指交易双方就买卖商品及交易条件如品质、规格、数量、包装、价格、支付方式、交货、提货等通过信函进行协商的信件；所谓**争议**索赔函，是指争议发生过程中或发生后索取理赔过程中使用的信函，应用情境如交涉产品质量、拒绝货款、要求赔偿、拒绝赔偿、理赔等。

以下是常用商务信函的几篇范文。

建立业务联系函

泰国佳美公司：

从我国驻泰国使馆商务处来信中**获悉**贵公司希望与我国经营工艺品的外贸出口公司建立业务联系。我们高兴地告诉贵公司，我们愿意在工艺品的贸易方面与贵公司合作。

我公司经营的工艺品有绣品、草竹编、灯具、涤纶花、珠宝首饰以及仿古器物和书画等。这些品种均制作精美，质量上乘。特别是涤纶花，式样新颖，色泽鲜艳，形态**逼真**，可与鲜花**媲美**。目前在欧美、亚洲的许多国家极为**畅销**，深受消费者的喜爱。现寄上涤纶花样照一套，供参考。欢迎来信联系。

顺祝**商祺**。

中国星饰工艺品进出口公司

2023 年 6 月 19 日

关于建立业务联系的回函

中国星饰工艺品进出口公司：

感谢贵方 6 月 19 日的来信，我方愿与贵方建立业务联系。

我们是泰国一家较大的工艺品贸易公司，经营丝织、布艺、首饰、字画、灯具等各类工艺品多年，有较好的资信及业务能力。我们的销售网**遍布**泰国及周边国家，而且我们与著名的大型超市的良好关系使我们在市场上有特殊的优势，我们一直对质量优良、价格**适中**的工艺品感兴趣，我们希望贵方的产品正是如此。

我方通常采取**赊销**，付款采用美元。如贵方愿意，我们对第一笔交易可提供信用证。

盼望早日回复，合作愉快！

泰国佳美公司

2023 年 6 月 21 日

询价函

潮州春风茶叶厂：

　　我方在《经济日报》上看到贵公司的广告，对贵方鸭屎香乌龙茶**甚**感兴趣。

　　请贵方将附表内各项目以 C.I.F. 曼谷报价来函告知，并请贵方将产品详细情况、最快交货日期及经常订购的折扣告诉我方。

　　我方对各类茶叶每年需求量甚大，请贵方**惠赠**一份目录及详细说明书。

　　顺祝商祺。

泰国友茶公司

2023 年 5 月 31 日

报价函

泰国友茶公司：

　　贵方 5 月 31 日询价函**收悉**，谢谢。**兹**就贵方要求，报价如下：

　　商品：鸭屎香乌龙茶

　　规格：一级

　　容量：每包 100 克

　　单价：每包 220 元（含包装费）

　　包装：标准纸箱，每箱 100 包

　　结算方式：信用证

　　交货日期：收到订单 10 日内发货

　　交货方式：C.I.F. 曼谷

　　我方报价极具竞争力，如果贵方订货量在 1 000 包以上，我方可按 95% 的折扣收款。如认为我们的报价符合贵方的要求，请尽早订购。

　　恭候佳音。

潮州春风茶叶厂

2023 年 6 月 2 日

接受函

潮州春风茶叶厂：

　　贵方6月2日的报价函收悉，谢谢。我方接受贵方的报价，并**乐意**按贵方提出的条件订货。

　　商品：鸭屎香乌龙茶

　　规格：一级

　　容量：每包100克

　　单价：每包220元（含包装费）

　　数量：1 000包

　　包装：标准纸箱，每箱100包

　　结算方式：信用证

　　交货日期：收到订单10日内发货

　　交货方式：C. I. F. 曼谷

　　请速予办理**为荷**。

泰国友茶公司

2023 年 6 月 10 日

生词

1. **言简意赅**：言语简明而意思完备。

你们老板说话太啰唆了，应该言简意赅一点。

2. **歧义**：语言文字的意义不明确，有不止一种的解释。

这句话有歧义，请您说得再明确一些。

3. **署名**：（在书信、文件等上面）签名。

他参与了这本书的编写，应当享有署名权。

4. **争议**：动词，争论；名词，有争论的地方。

公司董事会对下一任总经理的人选还存在一些争议。

5. **获悉**：通过所获得的消息而知道。

我方由外贸协会获悉贵公司的名称与地址。

6. **逼真**：极其像真的。

徐悲鸿画的骏马十分逼真，仿佛要从纸上跑出来。

7. **媲（pì）美**：美好的程度彼此相当。一般说"和……媲美"。

中国自有品牌的手机产品完全可以和国外同类产品媲美。

8. **畅销**：指货物销路好，卖得快。

这款产品目前很畅销。

9. **商祺**：多用于信函的结尾，如"顺祝商祺""顺颂商祺"等，含祝"经商顺利"的意思。"祺"有吉祥之意。

10. **遍布**：处处分布着；散布到每个地方。

这家电器公司的销售网遍布世界各地。

11. **适中**：不是太过，也不是不及，介于二者之间；正合适。

这款产品价格适中，质量也很好，在市场上很受欢迎。

12. **赊销**：用赊欠的方式销售。

有些进口商被经济衰退吓破了胆，拒绝向用户赊销货物。

13. **甚**：书面语，很、非常。

我公司对贵公司的产品甚感兴趣。

14. **贵方**：敬语，用于指称对方，多用于书信、致辞等书面场合。

在这个问题上，我方完全赞成贵方的观点。

15. **惠赠**：敬语，指对方或他方赠予。

贵方惠赠的产品目录，我方已收讫。

16. **收悉**：收到并清楚地知道。

贵函收悉，我们已将样品提交本公司的买方，特此告知。

17. **兹**：现在。用于书信、奖状、证书等正式的书面场合。

兹将学期结束前各活动稍作安排，供家长参考。

18. **恭候**：敬语，恭敬地等候。

我们随时恭候您的大驾光临！

19. **乐意**：愿意。

我公司十分乐意前往广州参加这次会议。

20. **为荷（wéihè）**：书信及公文惯用语，用于麻烦对方并表示感谢之意。

请尽快下达通知书为荷。

重要句型

1. 从我国驻泰国使馆商务处来信中**获悉**贵公司希望与我国经营工艺品的外贸出口公司建立业务联系。

从……获悉：表示"从……获得信息"，用于书信联系时告知对方信息的来源。

（1）昨日，我报记者从××大学获悉，该大学将于今年9月开始面向海外招收外国留学生，但招生人数尚不确定。

（2）我方从外贸协会获悉贵公司的名称与地址。

2. 这些品种均制作精美，质量上乘。特别是涤纶花，式样新颖，色泽鲜艳，形态逼真，可与鲜花**媲美**。

与……媲美：A 与 B 媲美，表示 A 和 B 一样好。

（1）可与李白的诗媲美的还有杜甫的诗。

（2）我国生产的电视机可以与世界名牌产品相媲美。

3. **请贵方**将附表内各项目以 C. I. F. 曼谷报价**来函告知，并请**贵方将产品详细情况、最快交货日期及经常订购的折扣告诉我方。

来函告知：来信告诉。

请贵方……来函告知，并请……：用于书信联系时向对方提出要求。

（1）请贵方来函告知最低价格及大概的交货期。

（2）请贵方尽快将业务范围和价格来函告知，并请惠赠样品若干，不胜感激。

4. 贵方 5 月 31 日询价函收悉，谢谢。**兹**就贵方要求，报价如下。

兹：现在。用于书信、奖状、证书等正式的书面场合。

（1）暑假将至，兹将暑假期间相关要求告知各位同学如下。

（2）兹有本校汉语言专业本科生×××，年 21 岁，×国人，在第五届汉语演讲比赛中表现优异，特发此证，以资鼓励。

一、根据课文内容，选择正确答案。

1. 关于商务信函，下列说法错误的是（　　　　）

A. 以"一函一事"为原则。

B. 因涉及交易双方的经济利益，任何数字、词语均要求准确无误、没有歧义。

C. 一般可分为建立业务联系函、交易磋商函和争议索赔函三种。

D. 为体现交易双方的亲密关系，可使用较为亲切、随便的语气。

2. 关于中国星饰工艺品进出口公司，下列说法正确的是（　　　　）

A. 该公司从中国驻泰国使馆商务处来信中得知了泰国佳美公司。

B. 该公司的产品质量优良、价格适中。

C. 该公司产品在泰国极为畅销，深受泰国消费者的喜爱。

D. 该公司通常采取赊销，付款使用美元。

3. 关于泰国友茶公司与潮州春风茶叶厂的交易，下列说法错误的是（　　　）

A. 泰国友茶公司想要进口潮州春风茶叶厂的鸭屎香乌龙茶。

B. 潮州春风茶叶厂的报价太高，泰国友茶公司难以接受。

C. 泰国友茶公司对茶叶的需求量很大。

D. 潮州春风茶叶厂在收到询价函后两日就给出了报价。

4. 除"正文"外，商务信函的标准格式还包括哪些部分？（　　　）【多选】

A. 称呼

B. 结尾

C. 署名

D. 日期

5. 下列哪个不是商务信函中的常用正式表达？（　　　）

A. 收悉、获悉、知悉

B. 顺祝商祺

C. 请……为荷

D. 乐意

二、根据意思写出课文中对应的词语。

1. 言语简明而意思完备。（　　　　　　）

2. 敬语，恭敬地等候。（　　　　　　）

3. 书信及公文惯用语，用于麻烦对方并表示感谢之意。（　　　　　　）

4. 指货物销路好，卖得快。（　　　　　　）

5. 敬语，指对方或他方赠予。（　　　　　　）

6. 通过所获得的消息而知道。（　　　　　　）

7. 用赊欠的方式销售。（　　　　　　）

8. 极其像真的。（　　　　　　）

9. 语言文字的意义不明确，有不止一种的解释。（　　　　　　）

10. 处处分布着，散布到每个地方。（　　　　　　）

三、选词填空。

畅销　遍布　争议　适中　兹　言简意赅　乐意　为荷　歧义　逼真

1. 作文应该紧紧围绕主题思想，做到_____，不能拖泥带水、东拉西扯。

2. 今年的雨量_____，庄稼长得非常好。

3. 希望贵方收到此催告信后，以最方便的方式，惠寄支票_____。

4. 看到自己的作品成了＿＿＿＿＿＿书，他志得意满。

5. 这个电影的音响效果非常＿＿＿＿＿＿，令观众犹如身临其境。

6. 这所大学的毕业生如今已＿＿＿＿＿＿世界各地。

7. "她弟弟和我说的一模一样。"这句话有＿＿＿＿＿＿。

8. 王老师说话总是和和气气的，同学们都很＿＿＿＿＿＿向他提问题。

9. 他们两个人总是水火不容，这不，他俩又就这个问题＿＿＿＿＿＿起来了。

10. 本论文共七章，＿＿＿＿＿＿将各章主要内容摘录如下。

四、造句。

1. 从……获悉

＿＿＿＿＿＿＿＿＿＿＿＿＿＿＿＿＿＿＿＿＿＿＿＿＿＿＿

＿＿＿＿＿＿＿＿＿＿＿＿＿＿＿＿＿＿＿＿＿＿＿＿＿＿＿

2. 与……媲美

＿＿＿＿＿＿＿＿＿＿＿＿＿＿＿＿＿＿＿＿＿＿＿＿＿＿＿

＿＿＿＿＿＿＿＿＿＿＿＿＿＿＿＿＿＿＿＿＿＿＿＿＿＿＿

3. 请贵方……来函告知，并请……

＿＿＿＿＿＿＿＿＿＿＿＿＿＿＿＿＿＿＿＿＿＿＿＿＿＿＿

＿＿＿＿＿＿＿＿＿＿＿＿＿＿＿＿＿＿＿＿＿＿＿＿＿＿＿

4. 兹

＿＿＿＿＿＿＿＿＿＿＿＿＿＿＿＿＿＿＿＿＿＿＿＿＿＿＿

＿＿＿＿＿＿＿＿＿＿＿＿＿＿＿＿＿＿＿＿＿＿＿＿＿＿＿

五、根据课文内容填空。

商务信函一般可分为建立业务联系函、交易磋商函和争议索赔函三种。

所谓建立业务联系函，是指交易双方为建立业务联系而向对方＿＿＿＿＿＿的信函，信函的主要内容是向对方介绍自己公司的相关＿＿＿＿＿＿；所谓交易磋商函，是指交易双方就买卖商品及交易条件如品质、＿＿＿＿＿＿、数量、＿＿＿＿＿＿、价格、＿＿＿＿＿＿方式、交货、提货等通过信函进行＿＿＿＿＿＿的信件；所谓争议索赔函，是指争议发生过程中或发生后＿＿＿＿＿＿理赔过程中使用的信函，应用情境如交涉产品＿＿＿＿＿＿、拒绝＿＿＿＿＿＿、要求赔偿、拒绝赔偿、理赔等。

六、成段表达练习。

请以泰国佳美公司的名义，向中国星饰工艺品进出口公司写一封询价函。

📖 补充阅读

书信的历史

书信是人类交流的一种重要方式，它的历史可以追溯到古代。

人类最早的有形信件是实物信，为取信于对方，避免口说无凭，同时避免遗忘和差错，人们就在利用口信的基础上创造了"实物信"，历史上一些民族曾出现过"贝壳信""结绳信"等。结绳信就是在绳子上系大小不一的各种疙瘩，并涂上不同的颜色以表示各种事情。这种实物信是以各种各样的实物作为交流信息的工具，是一种以物示意的通信方式。

人类发明文字之后，因为还没发明纸，所以还没有今天泛指的书信。在春秋战国时期，人们把竹子或木头削成一条条狭长而平滑的小薄片，竹片叫竹简，木片叫木简，又称"牍"，开始用竹简和木简作为书写工具。因为用来写信的木简通常三寸宽、一尺长，所以人们把书信称为"尺牍"。后来还把信写在又轻又薄的丝绸绢帛上，这种信叫"尺素书"。"尺素书"就是把写好的信，装在两块刻成鲤鱼状的木块之间，所以又称为"鱼书"。由于人类社会活动需要传播的内容越来越多，要求人们创造出更加简单轻便的书写载体。纸在西汉时已经发明，到东汉中后期，民间逐渐就将纸当作信件的书写载体了。纸作为信息实物，使邮驿运输更简便省力，尺牍最终被淘汰。

古代书信大致有三种主要类型，一是君臣、官员之间的书信，二是士人、朋友之间的书信，三是亲人之间的书信，即"家书"。中国古代书信题材内容丰富广泛，涉及政治、经济、文化、社会生活等诸多方面，能具体生动地反映时代背景，反映作者的生活遭遇、感触和个性。

"飞鸽传书"又叫"鸿雁传书"，是古代一种比较原始的传信方式。简单地说就是将信件系在信鸽的爪子上，然后将其放飞并传递给要收信之人。关于"鸿雁传书"历史上有很多凄美的传说，比较流行的是王宝钏与薛平贵的爱情故事。相传薛平贵外出打仗十载有余，王宝钏苦守寒窑痴痴等待。突然有一当一队鸿雁飞过，王宝钏写血书托付鸿雁带给薛平贵，以表达自己对丈夫的思念之情。

邮驿是中国古代书信传递的主要形式。先秦时期，诸侯国之间书信传递主要依靠车，称为"传车"。秦始皇统一中国后，在全国修筑驰道，"车同轨""书同文"，形成了纵横交错的交通网，完善了全国的驿站、馆舍等设施。两汉时期称书信传递为"驿"，同秦朝相比，最大的进步是"驿"和"邮"的分流。"驿"是以骑马为主的送递方式，而"邮"则是以步行为主的短途送递方式。元朝时期，由于军事活动范围的扩大，通信事业随之更加发展。这个时期仅在中国境内，就设有驿站一千四百九十六处。明朝邮驿基本上沿袭旧制，清朝中晚期，近代邮政逐渐发展起来，逐渐代替了古老的邮驿方式。

（根据张鹏立《浅谈中国古代书信》，河北省社会主义学院学报 2014 年第 2 期改写）

商务知识

如何写建立业务联系函

建立业务联系函是进出口交易的基础。包括以下几个部分的内容：

1. 开头部分

（1）说明如何取得对方资料。

首次主动与对方进行交往，说明信息来源非常必要。作为进出口商，贸易信息来源的渠道很多，主要有通过驻外商务处、商会、银行、第三家公司介绍，通过报纸、杂志、互联网获悉，在交易会上认识等。

（2）说明去函目的。

通常都是以建立业务联系为目的。

2. 介绍部分

为了引起对方的兴趣，必须让对方对本公司的基本情况和产品情况有大致了解，一般可以从以下几个方面进行介绍：

（1）公司基本情况介绍。

主要是介绍本公司的性质、业务范围、宗旨以及某些相对优势。

（2）公司产品介绍。

一般是对本公司经营产品的整体情况的介绍，也可以对对方感兴趣的某类特定产品进行推荐性介绍。产品介绍一般包括产品质量、价格水平、销路等，同时，为了使对方更详细地了解本公司产品，通常还附上产品目录、价目单或另邮样品等。

3. 结尾部分

包括企盼对方尽快回音、欢迎来函、来电询购或表示敬意、谢意祝福之类的语句。

商务信函写作

商务实践

全班同学分为两组，各自组建一家公司。两家公司互相完成一套包括建立业务联系函、回函、询价函、报价函、接受函五个信函的写作练习。

参考词语：感谢、收悉、从……处获悉、知悉、兹、贵厂、贵公司、为荷、商祺

生词表

1. 云集
2. 原汁原味
3. 喜结连理
4. 一带一路
5. 红利
6. 班列
7. 犹如
8. 融入
9. 攀（pān）比
10. 好高骛（wù）远
11. 率（shuài）先
12. 专利
13. 附加值
14. 走街串巷（xiàng）
15. 养殖
16. 销路
17. 打造
18. 好景不长
19. 沉重
20. 销毁（huǐ）
21. 低端
22. 诀窍（qiào）
23. 蕴藏（yùncáng）
24. 降（jiàng）解

1. 使命
2. 撼（hàn）动
3. 理性
4. 遏（è）制
5. 细分
6. 收购
7. 霸（bà）主
8. 不可或缺
9. 流失
10. 下滑
11. 崛（jué）起
12. 咄（duō）咄逼人
13. 虎视眈（dān）眈
14. 一席之地
15. 物有所值
16. 估值
17. 回顾
18. 拯（zhěng）救者
19. 基于
20. 颠覆（diānfù）

154

21. 扼（è）杀
22. 高攀（pān）

23. 试图

第三课

1. 多如牛毛
2. 门槛（kǎn）
3. 各自为战
4. 上游
5. 耳目一新
6. 巨无霸
7. 秘诀
8. 造就
9. 千姿百态
10. 街头巷尾
11. 星罗棋布
12. 分一杯羹（gēng）
13. 分（fèn）外

14. 鼎（dǐng）立
15. 双刃（rèn）剑
16. 称道
17. 门道
18. 重中之重
19. 一味
20. 草率（shuài）
21. 准入
22. 自治
23. 自上而下
24. 述职
25. 反馈（kuì）

第四课

1. 僵（jiāng）局
2. 顽固
3. 妥（tuǒ）协
4. 一筹（chóu）莫展
5. 正值
6. 迫（pò）切
7. 不为（wéi）所动
8. 赋予（fùyǔ）
9. 擅（shàn）自
10. 纷纷
11. 告诫（jiè）
12. 环视
13. 随口
14. 质地

15. 专程
16. 兴致勃（bó）勃
17. 饶（ráo）有兴致
18. 聆（líng）听
19. 不失时机
20. 坎坷（kǎnkě）
21. 挣扎（zhēngzhá）
22. 轰（hōng）轰烈烈
23. 聚精会神
24. 发自内心
25. 承包
26. 耽搁（dān·ge）
27. 半信半疑
28. 心血

29. 欣然

30. 盛情难却

31. 碍（ài）于

32. 轻而易举

第五课

1. 接洽（qià）

2. 另行

3. 就绪

4. 看跌

5. 交涉

6. 代价

7. 看似

8. 领域

9. 诸多

10. 深受其害

11. 定制

12. 磋（cuō）商

13. 如期

14. 异议

15. 义务

16. 晴天霹雳（pīlì）

17. 雪上加霜

18. 木已成舟

19. 吃哑巴亏

20. 隐蔽（bì）

21. 大意

22. 着（zhuó）实

第六课

1. 储（chǔ）运

2. 议付

3. 面临

4. 风险

5. 逾（yú）期

6. 赎（shú）单

7. 担保

8. 风云突变

9. 业务

10. 单据（jù）

11. 索偿（suǒcháng）

12. 期限（xiàn）

13. 偿（cháng）付

14. 拒（jù）付

15. 资信（zīxìn）

16. 次日

17. 追究（zhuījiū）

18. 周转

19. 拖延（tuōyán）

20. 行情（hángqíng）

21. 自足

22. 约束（yuēshù）力

23. 戒（jiè）心

24. 妥善（tuǒshàn）

25. 条款（kuǎn）

26. 兑（duì）付

第七课

1. 诸侯

2. 天子

3. 名正言顺

4. 敢怒不敢言

5. 连本带利

6. 慷慨（kāngkǎi）解囊（náng）

7. 按兵不动

8. 胜算

9. 债台高筑

10. 涉（shè）足

11. 一度

12. 堪（kān）称

13. 大显身手

14. 大跌眼镜

15. 毅然

16. 鲜（xiǎn）为人知

17. 一干二净

18. 名不见经传（zhuàn）

19. 马不停蹄（tí）

20. 忍气吞声

21. 走投无路

22. 苛（kē）刻

23. 大名鼎（dǐng）鼎

24. 如日中天

25. 澎湃（péngpài）

26. 一举

第八课

1. 代理

2. 扩（kuò）充

3. 商贩（fàn）

4. 积分

5. 年资

6. 疑似（yísì）

7. 代工

8. 借助

9. 采购商

10. 开辟（pì）

11. 大幅度

12. 典型（diǎnxíng）

13. 装备

14. 占有率（lǜ）

15. 不失时机

16. 缘（yuán）分

17. 溢（yì）于言表

18. 寥（liáo）寥无几

19. 突破

20. 性价比

21. 一次性

22. 策略（cèlüè）

23. 刹（shā）车

24. 经典

25. 赞（zàn）不绝口

26. 因地制宜（yí）

27. 回馈（kuì）

第九课

1. 歹徒

2. 隔三岔（chà）五

3. 尾随

4. 伤心欲绝

5. 长者

6. 缘由

— 157 —

7. 目瞪口呆

8. 甘心

9. 守财奴

10. 费用

11. 预算

12. 不容乐观

13. 息息相关

14. 势在必行

15. 职能部门

16. 毛利

17. 怨声载（zài）道

18. 按部就班

19. 冲刺

20. 开源

21. 应运而生

22. 迫使

23. 报销

24. 中饱私囊

25. 有章可循

26. 应酬（yìngchou）

27. 纵（zòng）容

28. 威慑（shè）

29. 节余

第十课

1. 日复一日

2. 垂青

3. 孵（fū）化

4. 抛出橄榄（gǎnlǎn）枝

5. 前途未卜（bǔ）

6. 麻痹（bì）

7. 风口

8. 不乏其人

9. 生逢其时

10. 耳熟能详

11. 稚（zhì）嫩

12. 佼（jiǎo）佼者

13. 如虎添翼

14. 黯（àn）然

15. 风光无限

16. 水土不服

17. 换血

18. 空降（jiàng）

19. 一意孤行

20. 日臻（zhēn）

21. 与时俱进

22. 口碑

23. 如梦方醒

24. 大势已去

25. 青出于蓝而胜于蓝

26. 行之有效

27. 自视甚高

28. 正视

29. 层出不穷

第十一课

1. 颇（pō）

2. 辉煌（huīhuáng）

3. 日进斗（dǒu）金

4. 纳闷（nàmèn）

5. 薄（bó）利多销

6. 巴不得

7. 绩效

8. 讨好

9. 克扣

10. 一步三回头

11. 职责

12. 泛滥（fànlàn）成灾

13. 兢（jīng）兢业业

14. 当面一套背后一套

15. 万无一失

16. 牺牲（xīshēng）

17. 全军覆没（fùmò）

18. 无能为力

19. 无济（jì）于事

20. 突破口

21. 无谓

22. 郁闷（yùmèn）

23. 无端

24. 排除

25. 星星之火，可以燎原

26. 顾及

第十二课

1. 围绕

2. 哄堂大笑

3. 伪造

4. 抬头

5. 印章

6. 声张

7. 一如既往

8. 贿赂（huìlù）

9. 远走高飞

10. 言简意赅

11. 歧义

12. 署名

13. 争议

14. 获悉

15. 逼真

16. 媲（pì）美

17. 畅销

18. 商祺

19. 遍布

20. 适中

21. 赊销

22. 甚

23. 贵方

24. 惠赠

25. 收悉

26. 兹

27. 恭候

28. 乐意

29. 为荷（wéihè）